音乐家吴颂今的人生启示录

穿越岁月的热爱

吴颂今 著

Love Through Time

WU SONGJIN

中国书籍出版社
China Book Press

图书在版编目（CIP）数据

穿越岁月的热爱：音乐家吴颂今的人生启示录 / 吴颂今著. -- 北京：中国书籍出版社, 2025. 1. -- ISBN 978-7-5241-0150-5

Ⅰ.K825.76

中国国家版本馆CIP数据核字第2024FX1952号

穿越岁月的热爱：音乐家吴颂今的人生启示录

吴颂今　著

出 版 人	孟怡平
责任编辑	邹　浩
责任印制	孙马飞　马　芝
装帧设计	朱星海
出版发行	中国书籍出版社
地　　址	北京市丰台区三路居路97号（邮编：100073）
电　　话	（010）52257143（总编室）　　（010）52257140（发行部）
电子邮箱	eo@chinabp.com.cn
经　　销	全国新华书店
印　　厂	三河市富华印刷包装有限公司
开　　本	880毫米×1230毫米　1/32
字　　数	240千字
印　　张	12.875
版　　次	2025年1月第1版
印　　次	2025年3月第2次印刷
书　　号	ISBN 978-7-5241-0150-5
定　　价	66.00元

版权所有　翻印必究

前言一

特别推荐！千万别错过这本书

李尚龙（畅销书作家）

我和吴老是忘年交，我经常会感叹他不像是一个老人，而是一个年轻人。很高兴甚至荣幸，我能向大家推荐这本书。

第一次和吴老见面的时候，惊讶于这位宝藏爷爷的状态，鹤发童颜，并一路上在和我探讨如何使用抖音、视频号、微博等新媒体。要知道很多年轻人都不会用，而吴老那时已经 78 岁了。

在这个充满挑战的时代，我们年轻人常在追求梦想的道路上感到迷茫。今天，我有幸向您推荐一本特别的书——音乐家吴颂今爷爷的人生启示录。这本书不仅仅是一段历史的记录，它更是一本能够引导我们年轻人在人生旅程中找到方向的指南。

我，李尚龙，作为一名年轻的作家，深知文字的力量。当我阅读吴颂今爷爷的回忆录时，被他的人生故事深深打动。他的生活经历不仅令人敬佩，更是一本宝贵的人生教科书。

吴颂今爷爷的一生充满传奇。他写的歌曲《军中绿花》《茶山情歌》《桃花运》《小手拍拍》《爸爸的爸爸叫什么》等，都是中国歌坛的经典之作。他的人生故事，从少年立志到青年成才，再到中年的坚持和智慧，每一个阶段都充满了启示和教益。

一个特别有趣的故事是关于吴颂今爷爷的"打滴滴奇遇"。一天，他准备外出，用手机叫了网约车。由于他说话的声音显得特别年轻，司机误以为是年轻人叫的车而"拒载"。这个小插曲说明了吴爷爷虽然年纪大，但心态依旧年轻。

吴颂今爷爷1946年出生，经历了中国几十年的风云变幻。他的人生经历，无论大事还是小事，都有值得我们年轻一代学习的宝贵经验。他的回忆录告诉我们，无论遇到什么困难，都不应放弃追求自己的梦想。

他的书是一本适合年轻人阅读的青春启示录。他的回忆录不仅是对他个人生活的回顾，更是对一个时代的见证。他的生活轨迹映射出一个时代的轮廓，通过他的眼睛，我们不仅能够看到过去，更能洞悉未来。

吴颂今爷爷的书是关于人生困境、梦想与追求的一本书。他用半个多世纪的时间，用梦想与追求突破人生困境，从小怀抱梦想，突破成长困境，执着追求卓越，拥抱岁月辉煌。他的人生智慧与诀窍，毫无保留地告诉了我们。

读这本书，你会了解他在不同年龄段的人生选择和挑战，如何从零开始创业，如何离开舒适圈，转战新的城市和行业。这本书对于处在焦虑、自我怀疑、迷茫阶段的年轻人来说，是一盏指路灯。

本书涵盖了生活、恋爱、婚姻、老去、价值观、自由等永恒人生课题。它讲述了生命的爱与孤独，传达出的是通达后的温暖与平静。吴颂今爷爷的书让我们洞穿人生真相后，达到与自己内心的和解，找到继续前行的力量。

无论你处在人生的哪个阶段，无论你面临什么样的挑战，这本书都将是你的灯塔，指引你前行。

最后，我诚挚地邀请你阅读这本书。让我们一起从吴颂今爷爷的故事中汲取力量和智慧，勇敢地追寻我们的梦想。

前言二

热爱，是最强大的力量

刘紫琪（青年女作家）

人们常说，"人生充满遗憾，没有遗憾就不是人生。"

但年近八十的吴颂今爷爷说，他这一生，没有遗憾。

这绝不是自夸，当你读了这本书就知道，这位宝藏爷爷有足够大的底气和资本。

吴颂今爷爷出生于1946年，他成长的年代充满了不确定性，时代的风雨一场都没躲过，令他一度认为自己是个不幸的人。但很多年后的初中同学聚会，大家公认他是班上最幸运的人。因为，吴颂今爷爷是当年全班同学中，唯一实现了自己少年时代音乐梦想的人。

吴老的音乐梦想，源于三岁懵懂时，随着年龄的不断增长，这份对音乐的热爱，越发清晰和坚定。当大多数人被时代洪流裹挟时，他从未随波逐流，即使有时走得步履蹒跚，也从未停止音乐的学习和创作。这份在当时并不被旁人看好的坚持，最终梦想成真了。

我们都渴望能按照自己的意愿去规划人生，所以我们通常会设定很多目标、立很多flag，这个过程我们也充满了热情。然而，热情，高涨得快，冷却得也快。所以，最后常常见到的只有落空的目标、吹漂的口号，和原地踏步的人生。

吴颂今爷爷的人生故事告诉我们，人生最难修炼的不是热情，而是持之以恒的热爱，而这种热爱的力量来自专注和极致，来自执着和坚毅。吴颂今爷爷经历了时代变化，但正是在他这种热爱的加持下，让他在不确定的年代里，取得了确定的结果。一如晚清军政重臣胡林翼所说："世自乱而我心自治，斯为正道。"越是在迷茫和不确定的时代里，越是应该明确自己想要的是什么，从内心真正的热爱出发去追寻。

吴颂今爷爷一生成就斐然，耄耋之年仍然在追梦路上奔行。他创作了众多脍炙人口的作品，与这些音乐一起让人动容的，是在困境和磨难中对梦想的坚守，在被否定和被打击时对热爱的坚持，在孤独和寂寥中对理想的守护。

如今的时代也面临种种不确定，"黑天鹅"频出，时代的浪潮汹涌澎湃，一时高涨，一时低迷，让人迷茫且不安。如此，请你坐下来，看一看吴颂今爷爷的人生故事。这位宝藏爷爷会告诉你，时代的好坏其实会因人而异，也许自己身处不那么理想的时代，但是只要你相信梦想，坚持热爱，那么，对你而言，你所处的时代就将变成最好的时代。

吴颂今爷爷的人生旅途，走到过很多分叉路口，但每次他都能又快又准地选准最该走的那一条路。因为这位宝藏爷爷非常清楚，茫茫人生看似有很多方向，但最可靠的指南仍是追寻心中的热爱，这是一种高效的选择，更是一种高明的智慧。

愿你走进这本书，在宝藏爷爷的启发下，找到真正的热爱，且锲而不舍，最终成为那个光芒四射的自己。

目录

上部 青春追梦录

第一章 西北那个有梦想的少年
红衣服绿裤子让我着迷 / 3
儿歌大王为我音乐启蒙 / 10
芭蕾梦的破灭 / 13
从初一开始学写歌 / 21
进军"大学梦" / 25

第二章 为采集民歌奔走三千里
奔向西北我的第二故乡 / 39
守着火炉吃西瓜、抄民歌 / 45
为了梦中的"花儿"去青海 / 50
兰州——郑州——广州 / 56
采茶戏音乐孤本被我保存 / 61

第三章 我在工厂"种南瓜"
生活是灵感的源泉 / 69
食堂里发现歌唱家 / 74

上部 青春追梦录

终于有了自己的小窝 / 80
上海，培训写歌两不误 / 86
一举成名的"种南瓜" / 92

第四章 一生只爱一个人

也到了被催婚的时候 / 103
与君初识，心便欢喜 / 115
泰山极顶最震撼的日出 / 126
相守是最长情的告白 / 134

第五章 重拾大学梦想

机会是争取来的 / 145
31岁大龄再次备考 / 150
苦并快乐着的大学生活 / 155
写出第一首爱情歌曲 / 166
惊喜从海外飞来 / 171

中部 歌坛打拼记

第六章 三十五岁再创业办杂志

《心声》海报占领首都体育馆 / 181
创造了发行量最大的奇迹 / 188
没有平台自己动手搭建 / 198
开启远程音乐教学之先河 / 204

中部 歌坛打拼记

第七章　让自己写的歌更流行
追赶流行音乐的浪潮 / 213
用写歌滋养孩子们的心灵 / 222
为啥放弃去北京发展的机会 / 229
斜杠青年试水音像圈 / 235

第八章　四十岁重打锣鼓新开张
面临 40 岁的职场瓶颈 / 245
东西南北中，发财去广东 / 250
俺"老吴"用唱片销量说话 / 259
人挪活树挪死，再见江西 / 266

第九章　创造音像市场销售奇迹
搭建新的城市人脉圈 / 273
畅销碟是怎样出炉的 / 279
让音乐灵感肆意生长 / 286
"炒更"让我赚得第一桶金 / 294

第十章　颂今音乐成了造星工厂
"甜歌小妹"杨钰莹 / 303
"民歌小天后"陈思思 / 310
校园青春偶像周亮 / 317

中部 歌坛打拼记

"澳门歌王"黄伟麟 / 323
影视歌舞四栖明星朱含芳 / 330
一代《天骄》杨洋金彪 / 335

第十一章 《军中绿花》火遍军营校园

为士兵们首创《军营民谣》/ 343
曾有人指责我"捞过界" / 351
危难中"陆海空"火线出征 / 356

下部 退休不告退

第十二章 退休不告退

不告退创作——新歌频出 / 369
不告退育人——提携新人 / 375
不告退时代——拥抱互联网 / 384
不告退梦想——系列音乐会 / 391

上部

青春追梦录

第一章
西北那个有梦想的少年

红衣服绿裤子让我着迷

1949年8月26日前夜,大西北黄河边的兰州城外传来炮弹的爆炸声。母亲立即把我拉到吃饭的四方桌子下躲起来,又飞快地把家里所有的被褥枕头摞在饭桌上,然后她和奶妈也都钻了进来。母亲说,这样的话,万一房子炸塌了,还可以保命。

如此胆战心惊地过了一夜,枪炮声渐息,传来人们的欢呼声。妈妈拉着我也跑出家门,中央广场旁边的大街两边挤满了人,中间一队解放军战士骑在高头大马上,威风凛凛地列队走过来,后面跟着一队腰间绑着红绸带的战士,他们一边挥舞着红绸布,一边唱着:"解放军的天是明朗的天,解放区的人民好喜欢……"周围的人们都在使劲儿鼓掌喝彩,很多人边笑边抹眼泪。我挤在人群最前面,也跟着又蹦又跳。

虽然并不明白当时是什么状况,但是我太喜欢他们的歌声了,这是我人生记忆中第一次听到歌唱。那年,我3岁。唱歌、音乐,从此扎根在了我心中。

很多年后从台湾回大陆的大姐说，我一岁时听到留声机里的音乐便手舞足蹈，但我没有那时的半分记忆。在我的记忆初始，我们家是与音乐绝缘的。父亲是邮电局谨小慎微的会计师，整天埋头于加减乘除的账目明细；母亲是老实敦厚的家庭妇女，心中挂念的是每天的油盐柴米。他们从未在家中听过音乐，抑或唱过歌。

我被解放军队伍的歌声深深吸引了，也第一次知道唱歌跳舞原来这般美妙。我跟着他们跑了一条又一条街，看他们一路唱一路跳，都忘记了饥饿。我记住了他们唱的歌，再后来，我知道了那些歌的意思，也明白了那一天的意义。

1949年8月26日，兰州解放。那一天，我喜欢上了音乐，发现了新的天地。此后，只要有文艺宣传队的街头演出活动，我都会跑去看，演出不结束，我绝不离开，完全沉迷在音乐和歌声中。

1953年，我6岁，母亲带着我去北京和重庆探望从军的大哥和二哥，彼时父亲的工作已从兰州调往宁夏省会银川。我与母亲从重庆返回银川时，遇到四位年轻的解放军战士一路同行。他们在长途汽车上欢快地唱着："王大娘笑盈盈，两个儿子立了功，左邻右舍来庆贺呀，英雄的妈妈人人都尊敬么呀呼嗨……"

母亲听了高兴地对他们说："这唱的都是我家的事呀！"

几位战士得知我大哥和二哥都在部队，也高兴地说："那就把这首歌改为《光荣军属吴大娘》吧！"他们是去银川部队报到的新兵，此后一路上，对我们母子都非常关照。看着年龄与我两个哥哥相仿的小战士，母亲待他们也甚是亲切，到银川后还常邀他们来家里吃饭。其中有位名叫杨化章的排长，更是和我成了最好的朋友。

杨化章叔叔长得斯文白净，一看就是个文化人。他每个星期天都骑个自行车来我家，把我放在车的前杠上，带我去看京戏、秦腔、话剧、眉户剧等各种各样的演出。他带着我基本跑遍了银川当时所有的剧场。那辆老式二八自行车的前杠，承载了我那时最大的快乐。

杨叔叔是宁夏省政府大院门口警卫班的，我经常去找他们玩儿。有一天发现大院后面的礼堂传出音乐声，原来里面的文工团每天都在唱歌跳舞排练节目。本来这里旁人是不能随便出入的，但杨叔叔他们知道我喜欢音乐，便偷偷放我进去。于是每天一放学，我就去看文工团的排练。到后来，他们排练的每一个节目我都倒背如流，每一首歌我都会唱，每一个舞蹈动作我都学会了。

礼堂也经常有演出，杨化章叔叔他们也每次都放我进去，因此我也看到了很多节目，比如《秧歌舞》《荷花舞》《采茶扑蝶》《跑驴》《朝鲜舞》《十二把镰刀》《夫妻识字》等等。这些节目我已经滚瓜烂熟，但每次看都仍然兴致勃勃。艺术的美妙占据了我年幼的心灵，我羡慕那些穿红衣服绿裤子的演员，对舞台艺术充满了向往。回到家我便开始模仿那些演出，自编自演，没有搭档，我一人分饰多角，乐此不疲。

六一儿童节，父亲工作的邮电局会为孩子们办晚会，我都会联系一些小朋友编排节目上台表演。别的小朋友都是为了表演后的奖品，而我期待的是那个上台表演的机会，每一次我都是极为陶醉的状态。

与杨化章叔叔相处一年多后，父亲工作调动，我们又要搬回兰州。走之前，杨化章叔叔带我去照相馆拍了一张合照。四年后父亲又调回了银川，但杨化章叔叔所在的部队已经离开了。

后来，我回想起童年，觉得人的很多梦想都是在潜移默化的熏陶中萌发和变化的。如果没有杨化章叔叔把我带进艺术的瑰丽世界，让我近距离接触到了音乐，也许我走的就是另外一条人生路。所以我一直想当面对杨化章叔叔说："杨叔叔，我向你报告，我现在已经是一个专业的文艺工作者了，这都离不开我童年时你对我的引导，谢谢你！"

几十年后，我终于辗转找到了杨化章叔叔的家，可故人已去，只留遗憾。

到兰州后,我还是只要有戏就去看。剧院上演郭沫若的《棠棣之花》,演出时间正是上学时间,我便逃学偷偷去看,结果被父亲发现了,狠狠打了我一顿。我哭得稀里哗啦,不是因为挨了打,而是我还沉浸在《棠棣之花》里义士聂政舍身报国的悲痛里,这本就是一个大悲剧,又用高亢激越的秦腔唱出来,直击人心,让年少的我备受震撼。30年后,我在广州又看到了这部戏,依旧看得悲恸流涕。也是这部戏,让我对音乐更加着迷。

那时我们家住在华林山邮电宿舍,有一位姓寇的工程师家里有收音机,经常播放音乐。我去他家听过几次,但我也知道不能总去别人家,于是我就站在他家窗外听,《挤奶员舞》《红霞》这些当时有名的曲目,都是在那个窗户下听会的。

有一次,父亲的单位组织看甘肃省歌剧团在黄河剧场演出的歌剧《小二黑结婚》,父母没有兴趣,但我非常想去,便使出浑身解数缠着父母带我去。演出一开始,我就认出了那些演员,剧团居然是当初在银川礼堂里排练的那个文工团。

见到了台上熟悉的帅哥美女,我兴奋极了。我跟母亲说,长大后也想做一个文艺工作者,唱歌跳舞。

母亲说:"好啊,你看这些小伙子都长得很精神,女孩子也都很漂亮,你想当演员,妈妈觉得挺好的。"

我也满心欢喜地告诉了父亲，父亲却气愤地教训道："男孩子当什么戏子，没出息！"父亲还带旧社会的观念，他说得很严厉，但我完全不在意，沉浸在对未来的遐想中。

这次看演出因为是邮局组织的，单位会派车送大家去剧院。后来单位看大家兴致不高，就不再组织派车了。没有车父母就更不愿去了，我就一个人走着去看。

父亲单位的邮电宿舍建在兰州市郊区的华林山上，那里以前是清政府的屯兵城堡，附近有一片满族人的墓地，白天很荒凉，晚上很阴森。有一次我看完演出回来，天已经很黑了，好在那晚的月亮很大很亮，清辉的月光照亮了崎岖的山路。路上没有一个人，我有些害怕地快步走着，一条野狗居然跟了上来，我慢慢走，它也慢慢走；我跑，它也跑。巨大的恐惧席卷而来，可离家还有很长一段路，为了壮胆我开始唱歌，歌声在寂静的山里回响。我越唱声音越响亮，脚步也越走越安稳，恐惧随着歌声慢慢褪去，看演出时的愉悦再一次涌上心头。那条野狗不知什么时候不见了……

我一直记得那晚的月光，记得那晚唱的歌。后来，我也经历过多次如这次般孤独害怕的时刻，但音乐照亮了少年的我回家的路，也一直激励着我以后的人生，就像当年解放军进兰州城时高唱的那首歌："向前，向前……"

人生是一个不断完善、丰富的过程。我们会经历很多事情，接触很多事物，但同时也因为经历的多，遗忘的也多。反而那些最初的、"第一次"的经历因为足够新奇和新鲜，才被我们的大脑所深深铭记，又因为记得深刻，我们的很多行为又被这些"第一次"所决定。

我不知道你的第一次是什么？我今年78岁了，每次想到很多第一次，都会觉得自己还年轻。尤其是当第一次听到某些旋律的时候，那些旋律里，包含着记忆。

所以，你记忆中的第一首歌是什么？它是不是也影响着你？

儿歌大王为我音乐启蒙

对音乐的热爱让我在学校一直是文艺积极分子,所以,四年级时,银川少年之家"红领巾"合唱团成立,老师便推荐我去参加。

合唱团的老师潘振声,是位来自上海的精神小伙儿。他当时是宁夏电台的音乐编辑,兼职合唱团的指挥。

也许正在读这本书的你对这个名字很陌生,但这几句歌词你一定熟悉:"我在马路边,捡到一分钱,把它交给警察叔叔手里边……"这首人人会唱的儿歌,就是潘振声老师创作的。很多年之后,潘振声老师有着更广为人知的称号:"一分钱爷爷""儿歌大王"。

潘老师每周日都来"少年之家"教我们唱歌,我一直好奇他的脑袋里怎么储存了那么多歌曲。他教会我们唱歌后,还带我们去电台录音。当我听到自己的歌声从广播中传出来时,兴奋地原地起跳,接着又听广播中说道:"作曲,潘振声;作词,潘振声。"我才知道,潘老师会的歌多,是因为这些歌都是他自己创作的。

在此之前，我一直以为歌曲就像河边的石头，都是现成的。认识了潘老师后我才知道，歌曲分曲和词，曲是一个音符一个音符谱出来的，词是一句一句地揣摩写出来的；曲赋予了词优美的旋律，词给予了曲独特的意义。歌曲，原来是如此奇妙。

潘老师从来没有跟我们说过这些歌是他创作的，我们也一直以为他只是一位很会唱歌的音乐老师而已。以后的日子里，他仍然平静且认真地教我们唱歌，好像那些歌与他并无再深的关系。但我的内心却无法平静，我觉得潘老师真是太了不起，又会指挥，又会作词作曲。也是在那时我暗暗下定决心，要成为潘老师那样的人。

虽然我跟着潘老师学习仅仅一年多的时间，但那段时间却是我此后人生很多时候的启明灯。尤其是当一首歌火爆传唱，唱歌的歌手名气大涨，而歌曲的曲词作者却鲜为人知，很多创作者为此愤愤不平时，我总会想起潘老师那气定神闲的身影，他的关注点只在他热爱的音乐本身。

潘老师身上的豁达和从容也在我幼小的心灵里埋下了种子，虽然再见已经是十几年之后，但我一直把他当作音乐道路上的引路人。

1999年澳门回归前夕，我已经变成了像潘振声老师一样有经验的词曲作家。我邀请他来广州，师生俩联手创作了一批歌唱澳门回归的儿童歌曲，录制出版了《澳门娃娃唱新歌》唱片专辑。拿到新唱片时，我心潮澎湃，终于实现了年少的梦想，底气十足地与偶像站在了一起。

而这种偶像的力量，在我成长的多个阶段都发挥了巨大的作用。

这种偶像的力量，不是普通的追星，是心里种入了一颗火种，给你温暖和光亮，让你经历黑暗时，不彷徨，不迷茫；是你心中的指南针，让你在前行的路上，始终铭记初心的方向，最终指引着我们成为那个期待的自己。

后来很多人问我，偶像是什么？我说，偶像就是你想成为的人，当你离他越来越近的时候，你发现自己活成了他。

芭蕾梦的破灭

1956年夏天,二哥带着女友来兰州探亲,我自告奋勇地给他们当向导,带他们去逛街。其实,我有着自己的小算盘,有两本书我想要很久了,一直没有钱买。于是,逛街的第一站我就把二哥拉到了书店,让他给我买下那两本书,一本是叶君健写的《童话作家安徒生》,另一本是《儿童纸工》,教孩子制作舞台布景的。

那一年我10岁,往后的很多岁月里,我都庆幸拥有了这本《童话作家安徒生》,它是对我的人生产生巨大影响的第一本书。在书中,我看到了童话大师的另一面。安徒生从小家境贫寒,父亲是鞋匠,母亲是洗衣工,却有三个看似不切实际的愿望:当一个歌唱家,或者演员,再或者成为芭蕾舞者。他也不是随便想想。14岁时,安徒生穿着父亲留下的破旧衬衣,带着13块铜板只身前往丹麦首都哥本哈根寻梦。这个穷酸的、长相甚至有些丑陋的乡下小子,打听到哥本哈根有影响力的文艺界人物,一个个前去拜访,希望能实现自己的梦想,但残酷的现实毫不留情地粉碎了他的梦想,然而他并没有沉沦,而是拿起了笔,用文字创造了一个个温暖的梦。

我一直相信，《丑小鸭》写的就是安徒生自己。而安徒生的经历也让我明白：如果想做什么事，就大胆去做吧，拼尽全力，一定会成功的。所以后来，当我想去北京舞蹈学校时，我丝毫没有胆怯地给学校写了信。

那是1957年，我看到了《中国少年报》上刊登了一幅苏联新西伯利亚芭蕾舞剧院《幸福之岸》的演出剧照，男女主角是苏联著名的芭蕾舞演员，伴舞的是北京舞蹈学校的学生。我太羡慕那些学生了，能够在这么漂亮的舞台上和著名舞蹈家一起表演，觉得他们真是太幸福了，梦想着自己也能够上这所学校。

想了就去做，这是安徒生教给我的。于是，11岁的我，给北京舞蹈学校写了封信，我说我很热爱舞蹈，也想考到你们学校来读书，可不可以，还在信中放了一张一寸照片。

这是我第一次写信，第一次去邮局寄信，我甚至连北京舞蹈学校的具体地址都不知道，只在信封上写了"北京舞蹈学校收"。

一个多月之后，我居然收到了学校的回信。信中说："吴肇庐小朋友（我那时候的名字），你有志于献身于祖国的舞蹈事业，精神可嘉，但是你现在太小了，我们招生要招小学毕业生。每年6月份前后会在全国几大城市设置考点招生，到时你若想报考我们学校，请注意一下五六月份《人民日报》刊登的招生简章。"

我太惊喜了，立即把信收藏了起来，但同时也开始担心，所在的兰州当时不算是大城市，我怕到时候没有考点。可还没等我担心太久，第二年，宁夏回族自治区成立，父亲从兰州调回了银川，银川比兰州更小，肯定不会有考点，我彻底绝望了。

可没想到，年底时，二哥从成都寄信说，二嫂即将生产，希望母亲去帮忙照顾。我想，成都是大城市，应该有考点的，母亲素来娇惯我，我要跟她一起去成都，她定会答应的。想到这里，我的希望之火又熊熊燃烧起来。然而，不管我如何撒娇缠闹，母亲这次却丝毫没有动摇，坚持让我留在银川。

如此，我又在煎熬中过了一年，这一年我读六年级了，不能再等了。于是，寒假时，我再一次向父亲提出要去成都，理由是，太想母亲了，要去看望母亲。我做好了与父亲打持久战的准备，没承想，这次他轻松同意了。生怕父亲再反悔，我立刻背着书包出发了。我先坐火车到了兰州，然后经宝鸡去成都。四五天后，我终于到达成都，已经是半夜12点，那天正好是大年三十。

出了火车站，我深吸了一口冷冽的空气，环顾着这个陌生的城市，成都毕竟比兰州和银川都要大，虽没有灯火通明，但路灯映着人们挂出来的灯笼，也是亮堂堂一片。公众汽车肯定是没有的了，好在是除夕夜，街道上还有一些在外戏耍的行人。我徒步穿过大半个成都市区，一路走一路问，终于敲开二哥家门的时候，已是凌晨4点多。

母亲大吃一惊："小毛，你怎么一个人来了？"我咧开嘴露出一个大大的笑。

于是，我赖在了二哥家，转学进了成都军区八一小学就读。到了5月，我开始每天去学校阅览室，查看《人民日报》。终于有一天看到了北京舞蹈学校的招生简章，在全国设有四个考点，北京、济南、上海和成都。

我简直太兴奋了，一切都如我所愿。成都的考点设在四川省歌舞团的大院里，时间一到，我立即跑去报了名。

考试过程也非常顺利，主要是检查身体、量身高、看腰腿比例、看弹跳力，还要随着钢琴弹奏的音乐用手打节拍，考节奏感。几天后，我去看考试结果。负责招生的于学淑老师对我说："你被录取了，可以不用参加小升初统考了。我们学校很快会给你寄来正式通知，而且会给你寄报到的路费。"

我欣喜若狂,梦想终于要实现了。那阵子,所有的同学都在准备小升初考试,我一个人在操场上玩儿,心里别提多得意。同学们和老师也都肯定地对我说:"你将来一定能成为一名优秀的舞蹈家!"

我就这样飘飘然地构想着舞蹈家的梦。可到了预定的日子,却没有收到通知书。我有些急了,跑到四川歌舞团去问于学淑老师。当时,于老师正在泡脚,膝盖上敷着毛巾。她一眼就认出了我,说道:"情况有变。"原来,他们在各个考点都准备招15名左右的考生,男女各一半。没料到成都只招到了两名男生,女生却有很多优秀的没有名额录取。济南考点的情况正好相反,女生招不满,男生名额却不够。最后,学校统筹考虑,将成都的男生名额给了济南,而将济南的女生名额给了成都。就这样,我被换掉了。

于老师刚解释完,我的眼泪就掉了下来,委屈地说:"怎么能这样?您不是告诉我已经被录取了吗?"

于老师安慰我说,"你如果想学,明年还可以再考。我们年龄最大招到14岁呢。"

我没有办法,只能安慰自己,安徒生不也经历了很多波折吗?明年我再考。可是第二年,我一直没有在报纸上看到北京舞蹈学校的招生简章。

这一年父亲退休，我和母亲又从成都回到银川。等父亲的退休报告批下来后，我们准备返回老家南昌定居。

回南昌的路线，父亲选择从银川乘火车经呼和浩特再到北京，看望在装甲兵学院当教师的大哥。大哥带我们在北京四处游玩，我没有心思，便独自去了北京舞蹈学校。

我不知道学校的具体位置，靠着一路问询，找到位于陶然亭的学校，还找到了于老师。于老师又在泡脚，两次见到她，她竟然在做同一件事。

于老师也认出了我，非常惊讶。我对她说，"我还是想考舞蹈学校。"

她说："你来晚了，今年的招生已经结束了。"

我有点儿慌了，说："我每天都看报纸，怎么没有看到招生消息？"

她说："今年国家困难，所以只在北京招，没有去外地招生。"

我强忍着眼泪，憋屈地说："我是专门为这事来的。"

于老师停了一下，轻声说："这样吧，我带你到学校参观参观。"她把我带到琴房，那里有一个小男生正在弹钢琴，他告诉我他弹的是《四只小天鹅》。后来，我开始学习弹钢琴的时候，已经32岁"高龄"了，僵硬的手指每每在黑白键上慌乱无措的时候，总会想，如果当年我没有被换掉，初一就开始学习钢琴，应该也弹得一手美妙的曲子了。

小男生名叫赵景参，于老师让他带我参观学校，他和我是同一年考的舞蹈学校。得知了我的情况后，他说："哎呀，你不该在成都考，应该直接到北京来考。我家是镇江的，离上海考点很近，但为了保险起见，直接来北京参加的考试。"这句话就像刀子一样，狠狠地扎在了我的心上。后来，他向我介绍学校的情况，我也没有听进去。

我走时，于老师来送我，我也是木木的。但一上公共汽车，我再也忍不住，号啕大哭，车上的人都被我吓住了，纷纷过来询问。他们越问，我哭得越凶，我14岁了，这是我最后的机会。可如今希望落空了，我只能大声哭着，宣泄内心的不甘。曾经的"红衣服、绿裤子"的梦想也连同眼泪一起摔碎在地上，然后蒸发、消失了。

回到旅馆，我就对父母说，进舞蹈学校没希望了。母亲幽幽地叹了口气，父亲却很高兴，说本来就不应该学这些东西，回南昌好好读书，将来考一所好大学才是正经事。

大哭之后，我心情也平静了一些，没有理会父亲的告诫，心里想的是，安徒生的舞蹈梦也破灭了，但他开辟了新路。我喜欢舞蹈，我也曾期望成为潘振声老师那样的人,我还有另外的音乐之路啊。这条路,我一定要走出个名堂来。

后来我才明白,人生每个阶段都有梦想,孩童的梦想、少年的梦想、青年的梦想……但人生无常,梦圆是人生机遇,梦破是人生常态。人生不如意事十之八九,但只要我们不放弃,都会有继续重来的机会。

我后来也和我的学生说,只要你继续,就有无数的可能,就像抛硬币一样,不管你抛多少次,都有另一半的机会,关键是你要学会抛。

从初一开始学写歌

芭蕾梦虽破灭,但我对音乐的热爱从未减少半分。我给自己定下了新的目标,成为一名作曲作词家。那是我从小的目标,一直陪我到今天。

可这又谈何容易,那时的音乐教学远没有现在这么专业且普及。虽然我已经读初一,但"哆来咪发索拉西"的简谱我都不认识,更遑论其他的乐理知识了。但我也没有退缩,自创了一套学习方法——抄歌。

从初一开始,只要是我喜欢的歌,我就要把它抄下来,不仅抄歌词,还要把谱子一起抄。那时候不比现在,没有四通八达的网络,没有百度,只能人工搜索,书店、图书馆、报纸、杂志,任何一个可能刊有歌曲的地方我都不会放过。当时我住校,所有的课余时间,我几乎都用来找歌、抄歌。当时收音机里有电台的教唱歌节目,我基本上期期不落。发现喜欢的歌不仅要学会唱,还会千方百计地找到曲谱抄下来。

刚开始抄的时候，我不认识那些曲谱符号，就一个一个对照着慢慢抄。等学会了这首歌，再边唱边对应曲谱，就这样抄了七八个月。抄完一本笔记本后，我居然悟出了"1、2、3、4、5、6、7"该怎么唱，那些谱子中的连线、标号都是什么意思。

所以后来很多人问我如何学习乐理知识时，我都会说："抄歌。"这是个笨办法，但笨办法用好了往往就是最有效的办法，就像语文老师挂在嘴边的那句："熟读《唐诗三百首》，不会作诗也会吟。"

我从初一一直抄到高中，抄了十几本笔记本，几百首歌。从开始对着谱子一个音符一个音符地抄，到后来，我已经不用到处找曲谱了，我听着歌曲，就能对应着把谱子写下来。抄的歌也不再局限于已经刊登发表的歌曲，我还热衷于记录民歌。班上只要会唱歌的同学，我都缠着他们唱了个遍，我还拜托他们把家乡的民歌唱给我听。我边学唱，边记录，给每首民歌都记下了它们的谱子。就这样，在成都读初一时，我收集到了很多四川民歌，回到江西后又收集了很多江西民歌。我自始至终都非常钟情于这些民族风情浓郁、朗朗上口的民歌，这些做法也直接影响了我后来的创作风格。

初一抄了大半学期的歌后，我开始尝试创作。在学校"庆七一"的活动中，我采用喜欢的歌《绣银燕》的曲调，重新填了一首词，改名《夸家乡》。我找来几位同学，将歌曲排练成了一个表演唱，获得了老师和同学们的一致好评。这给了我极大的鼓励，我也开始尝试谱曲。我选了两首诗，《我们沿着林荫道》《枣熟了》，为它们谱了曲，并拿给音乐老师看。老师在钢琴上弹唱了一遍，连声说："不错，不错！你应该多写、经常写！"老师的鼓励，似一瓢清水，浇灌在我心中音乐创作的种子上，幼芽萌发，展露出勃勃生机……

回到南昌后，大哥大嫂也回来探亲。大嫂是音乐老师，她带来一本《歌曲作法教程》，我便偷偷拿来看，这是我看到的第一本专业作曲书，让我深受教益。原来只是随性而写，这本书给了我一些作曲技法的指导，让我开始慢慢入门，对谱曲越来越有信心。

初三时，我成了班上的文艺委员，每天有一个任务就是教大家唱歌。当时我们是把歌抄在黑板上，或者油印出来发给大家。我把自己写的一首《雷锋颂歌》也悄悄放入其中，教给同学们唱。我没有告诉任何人这首歌是自己写的，担心大家会嘲笑我，或是不愿唱，但竟然没有人发觉异样，唱这首歌时，全班同学都依然唱得很起劲儿。直到二十多年后同学聚会，我才说出这个秘密，有位同学说："我当时就奇怪，怎么这首歌只有咱们班在唱，其他班都没有教？"

同学们的反应也给我打了一针强心剂，我开始不断地写歌。高中一年级时，我写了一首歌叫《公社的山啊公社的水》，并将这首歌排成一个女生小合唱，获得西湖区国庆文艺会演创作奖。学校的党支部书记佟恩孚老师，是志愿军文工团的转业军人，会拉小提琴，当时还是南昌市音乐工作者协会的副主席。他没想到我们学校还有一个学生会作曲，还得了奖，由此对我另眼相看，很是欣赏，常常鼓励我继续创作。

也是在那时，我在报纸上看到了中国音乐学院的介绍，并下定决心：我一定要考上中国音乐学院，成为一名作曲作词家。

我今年78岁了，也会遇到很多年轻的小朋友问我，如果我不是学这个专业的，可以做另一个专业的事情吗？

当然可以，专业只是代表你学了这门学科知识，你想从事另一个专业，去学那个专业的知识就好啦。

限制你的不是专业，限制你的是你自己。只要你愿意，你可以做任何事情。

进军"大学梦"

很多年后，我已经成为国家一级词曲作家，有了很多响亮的音乐专业头衔。有记者采访时问，您这一生，成功的秘诀是什么？

我回答说："秘诀就是，在很早的时候，我便知道自己希望成为一个什么样的人，并且一直为这个目标努力。"

这不是一句空话，是我切切实实做到的。一直以来，我的信念就是，想要做什么事，就放心大胆地去做，拼尽全力地去做。

我想报考中国音乐学院，从我做好决定的那一刻起，我就开始了努力规划。

当时中国有三所音乐学院比较著名：中央音乐学院、中国音乐学院和上海音乐学院。中央音乐学院创办时间更长，中国音乐学院是新近成立的，但是中央音乐学院侧重于西方音乐，中国音乐学院着重于民族音乐。我素来钟情热爱的都是民族音乐，自然选择中国音乐学院，而且，后来我发现，中国音乐学院的院长马可是我自童年起就一直崇拜的音乐家,他的作品诸如《小二黑结婚》《白毛女》等都是我熟记于心的。所以看到这一信息后,我更希望能考进这个学校,去跟随偶像学习。

我的目标是报考作曲系或者音乐理论系。为了充分了解招生章程,做足准备,高一那年,我便给中国音乐学院写了一封信,信中夹了回信的邮资,请他们寄一份招生简章给我。招生简章上注明,作曲系考的科目包括基本乐理、试唱练耳以及一门乐器演奏,另外还要交自己的作品;音乐理论系要交一篇论文,也要演奏一门乐器。

交作品,我是很有信心的。那时,我已经积累了不少作品,还有一些歌曲得了奖。比如读高三时,我根据县委书记的好榜样焦裕禄的事迹写了一首歌《焦裕禄风雪探亲人》,是根据江西的南北词的音乐来写的。语文老师周邵馨很欣赏这首歌的词,便推荐给《南昌晚报》。报纸刊登后,他才告诉我,我高兴坏了,这是我第一次发表作品。也正是这首歌让我获得了更多的重视,我被推荐加入了南昌音乐工作者协会,成了最年轻的成员。

我把自己的歌曲习作都整理了出来,找了省市的好几位作曲家,向他们求教,让他们帮我挑选哪几首写得比较好。现在回想起来,仍觉得当时的自己非常大胆,把能找到的音乐专家都麻烦了一遍,丝毫没有考虑过是否过于鲁莽。但也许是我的奋进感染了他们,这些音乐专家们都对我很热情，为我出主意。

选好曲目后，我请班上钢笔字写得最好的赵长虹同学帮我誊抄。我的字写得不好，我想在方方面面都给主考老师留下好印象，于是我先把简谱抄好，然后再请赵长虹把歌词誊抄上去。

接下来就是准备音乐理论系的论文。最初，我打算写一篇关于广东音乐方面的论文，但越查资料，越觉得广东音乐离我太远，便放弃了。于是，我决定从身边的素材考虑选题，这样写的时候我能有更多切实感受。我当时就读的南昌一中，是省里的重点中学，所招的学生，一半是南昌当地人，一半是全省各地农村来的学生。江西是个盛产民歌的地方，尤其是采茶戏非常出名，当年红军的许多歌曲，就是根据采茶戏的调子改编。同班有一位来自定南县的同学，就给我唱过很多当地的民歌。我也收集了好几大本江西民歌。由此，我冒出一个念头，为什么不写一篇江西苏区歌谣的论文？题目就叫《苏区红色歌曲简论》。这篇论文花了我大量时间，我查阅了大量资料，洋洋洒洒写了一万多字。最后，也都是赵长虹帮我再誊抄的。

作品和论文解决后，就剩下视唱练耳和乐器演奏，这两部分是最难的。那时候，没有现在这么多专业的音乐培训机构，学校的音乐老师也只是教唱歌而已，根本没有视唱练耳这么专业的课程。而且音乐老师也根本不会让我接触到钢琴。没有办法，我只得到附近的一个幼儿园，请一个年轻的老师在风琴上帮我练习，但是风琴跟钢琴的音色和效果差得不止十万八千里，所以，对于这一项，效果只能是不尽如人意。

乐器演奏上，我知道报考音乐学院，最有优势的乐器是钢琴。当时，母校南昌一中倒有一架钢琴，可是规定只有老师才可以用。我是学生会文体部长，在学校搞音乐舞蹈也算是比较有名了，和音乐老师的关系也非常好，想着可以让音乐老师开个后门。但不管我如何软磨硬泡，老师是一点儿通融的余地都不给。无奈我只能另辟蹊径，攒钱买了一把二胡，跑到江西省文艺学校拜了一位姓龙的老师，每个星期天去上课。如今想来，自己也着实胆大和脸皮厚，就那样贸然去拜师，学了一年多，连一个小礼物都没有送过。而老师也是真的好，免费教了我一年多，没有丝毫怨言。

除此之外，我知道父亲一直不满我搞音乐，担心父亲不支持我报考，从高一开始便悄悄地做起了经济储备。母亲每天会给我四五分钱的早餐钱，我都悄悄地省下来，两年多共攒了二十七八块钱。如果父亲不同意我报考，我就用这笔钱去北京。

可我没想到的是，从南昌到北京的火车票要二十多块，这笔钱只够买一张去程的票，别说是回来的车票，就是其间的一些费用，我就是再节省也是不够的。所以，只能硬着头皮向父亲要资助。

我忐忑地对父亲说我已经报考了中国音乐学院，他看了我一眼，没说话。我怕他一口否定，又连忙说，"我报了两个专业，一个是作曲，一个是音乐理论。"我想，比起舞蹈，这两个专业估计能让他好接受一些。

果然，父亲的脸色缓和了一些，问道："什么时候考？"

我说："6月8日在北京考试。"

"怎么要上北京？南昌没有考点吗？"

那时，艺术院校招生和现在一样，先考专业，然后再参加全国统一的文化考试。各艺术院校在全国的一些重要城市设有考点。中国音乐学院在南昌没有考点，但就近的武汉有考点。鉴于报考北京舞蹈学校的经历，我要杜绝所有可能的风险。我对父亲说："南昌没有考点，只能去本校考。"

随着父亲缓缓点头，我悬着的心也慢慢放下。

报考的时间一天天临近，赵长虹也终于帮我誊完所有的资料。他长长地出了一口气，说："再过几个月，你就是中国音乐学院的大学生啦。"

我心里虽然高兴，嘴上却推辞着："试都没考，说不定呢。"

我要好的同学龚凯寿也在身边，他夸张地说："中国音乐学院如果不录你，那是我国音乐界的一大损失哦！"

我被他彻底逗乐了，说："凯寿我跟你商量点儿事，等我去北京考试的时候，你能不能把手表借我？"

龚凯寿立即把胸脯拍得山响，"没问题，就算是我为中国音乐的未来做贡献。"

龚凯寿是我们学校唯一戴手表的学生，几十年后我再回想起他当年的模样，仍是忍俊不禁。当时的南昌，学生们都是不穿鞋，打赤脚。我刚进南昌一中时，是学校男同学里唯一穿鞋的，也是磨炼了好一阵子，才适应了不穿鞋的习惯。龚凯寿也是赤脚不穿鞋的，但他手腕上却戴着手表，还是一块国外进口的高级手表。所以，不管什么时候回想起他，我都觉得好笑而又温暖。

1966年6月6日晚，一个听起来颇为吉利的日子。我戴着龚凯寿的手表，背上一床线毯和一把油纸伞，挎着哥哥给我的军用黄书包，装着我的论文与作品集，还有那把我才学会的二胡，踏上了开往北京的火车。这次考试得到了父亲的支持，他给了我足够的费用，但我还是悄悄地带上了积攒的二十多块钱，所以这次出门，我可以说是极其富裕。

火车哐哐当当了两日。8日凌晨，迷迷糊糊中我听有人说"快到北京了"，便向窗外望去，一大片金黄的向日葵猝然地撞入我的眼帘。

在江西，初春时也常有大片盛开的油菜花，金黄连着金黄，很是灿烂。但向日葵的金黄与之不同，是壮观，是震撼，是强烈。火车走了很久,这片葵花还在车窗外摇曳,后来我也再没见过面积如此之大的向日葵花田。彼时,太阳还未升起,但这片金黄已然让我从朦胧中清醒过来,刺激地我心脏"咚咚"直跳。

我第一次来北京,是 6 岁时跟母亲探望大哥,懵懂无知;第二次来北京 14 岁,虽家人都在身边,但确认了舞蹈梦的彻底破灭;这次我独自一人来北京,心潮澎湃,甚至有一种此后我将在北京扎根的强烈感觉,以至火车到站,我的心情都还未平复。

天已经大亮,我靠着一张嘴四处询问,找到了什刹海边的中国音乐学院。学校对我们外地来的考生们非常照顾,专门腾出来一排琴房,供我们打地铺休息。

正式考试之前,学院特地指派了几位作曲系的学长来辅导我们。我抓住这个机会,请一位师兄帮忙补习试唱练耳,他对我的帮助非常大。

考试分初试和复试。初试放榜的那天,我突然感觉自己像做贼一样,越走近公告栏,心里越忐忑不安,又迫切、又害怕地想看到结果。

我还没走到时,便看到一个女生在公告栏前转身往回跑,没跑几步便蹲在地上哭了起来。有一位和我住在同一间琴房里的同学，看完结果正要离开，他一脸平静。我问他："你通过了吗？"他没听见一般，从我身边径直走过。我回到琴房的时候，他在捆行李，一边捆，眼泪一边哗哗地往下流。我想安慰他，又不知该说什么，只好转身溜走了。当天晚上，他的那个铺位便空了下来。

初试结束后，琴房里的人走了一半，只剩下三十多人了。第二天复试之前，大家在一起商量，趁着没有发榜前，去天安门广场合个影吧。于是那天考试结束，大家直奔天安门广场，凑钱拍了一张合影。尽管多年以后，照片中有些人的名字我都记不清了，但那一段共同努力的历史，仍在人生长河中熠熠发光。

复试放榜，我紧张地自上往下一个号一个号看，终于看到了：2013，吴肇庐，作曲系。

悬着的巨石，终于落下。我被录取了，成为当年中国音乐学院作曲系录取的12名考生之一。

当天晚上，琴房里留下来的人已经很少了，西安来的房立平是其中一个，整个考试期间，我们两人的关系最好。

吃过晚饭，我和房立平一起去湖边闲逛。此时，我们都非常轻松，认定几个月后，我们就会成为同学并且要在北京生活几年了。

我和房立平坐在什刹海湖边，他说，他想去长城，想坐在长城上拉二胡，希望那音乐在绵延起伏的山峰之间滚动。

我听着他的描述，感觉音乐已经开始在指尖流淌，当即说："那好，我给你写曲子，你就拉我写的曲子。"

我们就这样坐在湖边，漫无边际地畅想着，畅想着我们所能想到的美好的未来。

第二天，马可院长接见了我们作曲系录取的12个同学，眼见偶像近在眼前，我激动不已。

马可院长说："希望你们现在抓紧时间回去复习考文化课，文化课及格，那就肯定可以录取了。然后9月1号开学以后，我们会带你们12个同学去延安，我们要创办一个中国音乐学院的延安分院，走抗大和鲁艺的道路！"

大家都沸腾了，因为对于我们这个时代的人来说，延安、抗大、鲁艺，都有着极为重大的意义。

第二天，我们带着亢奋的心情，各奔东西，各回各家。

当时，我是江西省唯一一名报考中国音乐学院的学生，我离开学校去北京考试的时候，我的同学们都在全力以赴地准备高考。

那时候，是先填志愿，后考试。回到南昌后，我得知，因为填报高考志愿时我不在，班主任帮我填了三个志愿：北京大学中文系、复旦大学历史系、中山大学新闻系。这并不是班主任随意乱填的，而是当时我虽然一门心思要考音乐学院，但我的文化课成绩一直是名列前茅的。班主任认为，这三个学校我都没有问题。

后来有人问我，现在的人填报高考志愿首先考虑的都是未来的就业前景，选择的一定是回报价值高的专业和学校。中国音乐学院与其他三个学校相比，从可预见的价值上看，都是略逊一筹，就没有想过做其他的选择吗？

我愣了一下，因为这么多年，我从来没有想过这个问题。因为我做的所有选择，都是基于心中的热爱，而从来没有考虑过所谓的回报价值。

在我们那个年代，一个人没有太多的选择，考什么大学、学什么专业大概是那个时候自己所能做的最大的人生选择了。你选择了别的专业，也许就有一个完全不一样的人生了。我一直很庆幸，自己能选择所热爱的音乐，虽然这条路走起来并不顺畅，但也正是因为心中的那份热爱，支撑我度过了接下来的艰难时光。

有时候我也会感叹，现在的年轻人迷茫，是不是因为选择过多？那时的我，其实并没有多少选择，反而成就了自己的梦想。

但无论怎么选择，我的建议是，选择你所热爱的。热爱是一种能量，它推动你穿过迷雾，到达你想要的世界。所以，学会坚定地相信自己，你的热爱和坚持永远会给你答案。

第二章

为采集民歌奔走三千里

奔向西北我的第二故乡

回顾 20 岁之前的青葱岁月，我觉得对自己最大的打击，就是两次艺术梦想的破灭——北京舞蹈学校的"芭蕾梦"，和随之破灭的中国音乐学院"大学梦"。

那天，我正在学校参加活动，同学给我拿来一封信，中国音乐学院寄来的。我心中一喜，以为是入学通知来了，谁知拆开一看，顿如一盆凉水当头泼下。信中说，"按国务院通知精神，我们今年的招生工作推迟半年举行，原来的专业考试成绩作废，请你半年后按新的要求来报考我院。"

我蒙了，考试都已经通过了，怎么能说作废就作废？我又委屈、又气愤，命运对我怎么如此不公呢？想起 1960 年报考北京舞蹈学校的经历，再想到这次报考中国音乐学院，两次考试专业课都通过了，我的个人能力都没有问题，却又都出了意外。是老天爷在捉弄我吗？

那一刻，我觉得自己是一个特别不幸的人，再怎么努力都没有用。一连几天，我深感失落和消沉，沉浸在几乎绝望的心情里，干什么都提不起精神。

当我翻看自己那一摞摞抄歌记谱的笔记本，从中翻出中国音乐学院发给我的准考证，还有与考生们在天安门广场的合影时，我深感无奈和不忿。

转念又一想，既然改变不了，就活在今天吧。我安慰自己，推迟半年就半年吧，既然第一次我能考上，推迟半年，我有了大把时间复习功课，再加上这次考试给我的艺考经验，半年后一定能考得更好。

不过，万万没想到，说好的半年却是无休止地拖延。这场考试推迟了一个半年又一个半年，变得遥遥无期，进入高等音乐学府深造的梦想彻底破碎了！

等我回到梦寐以求的大学校园时，已经是12年之后了。

当时的我很快就振作了起来，投入了新的追求。因为我相信，青春年少的我，不止有一条人生起跑线，命运关上了一扇门，一定会打开另外一扇窗，前方总会有希望。

这种思维方式日后对我也有了很大的帮助：假如这个方向的路走不通了，那就另辟蹊径，朝新的方向继续努力加油吧！

记得在赴京艺考时见到马可院长，他在接见我们作曲专业考生时，指出学习民族民间音乐对音乐创作的重要性，讲起他在延安时期收集陕北民歌的往事，让我浮想联翩。

我一直珍藏着马可的专著《中国民间音乐讲话》，这是我最爱读的一本书。它让我懂得了祖国民间音乐的分布情况、艺术特点与价值，激发了我对传统民歌、民间曲艺、戏曲音乐的浓厚兴趣。我一直向往着，能够去各地深入民间采风，学习收集宝贵的非物质文化遗产，该有多么好啊！

机会终于来了。这一年9月，国务院颁布了一项政策，大中学校的师生们都可以凭证件免费领取火车票，出外旅行。

得知这个消息，我立马领到火车票，踏上了我的"民歌采风千里行"。

1966年9月14日，早上6时52分，列车拉着长长的汽笛，缓缓驶出了南昌站。我在日记本上记下了出发的这个时间。

从南昌到上海后，我去了上海音乐学院、上海电影制片厂，还有许多我感兴趣的文艺单位参观、访问、学习。收获最大的，是在西藏路的音乐书店买了一大摞音乐图书。

几天后到北京，找到了北京第15中学的乌兰牧骑文艺宣传队，跟着他们又观摩演出又学习。最幸福的是10月4日那天下午，我在天安门广场见到了毛主席。

我意气风发，制订了下一步的路线。先从北京坐火车经过包兰线去银川，然后再到兰州，再到西安。一路采风，又可以沿途探望久别的亲友和同学。

去银川，主要是看望我的音乐启蒙老师潘振声，以及少年之家合唱团小伙伴。小学四年级跟着潘振声老师学习时，我就下定决心要成为他那样的人。如今我也写了那么多歌了，成为南昌市音协的会员，也发表过作品，还通过了中国音乐学院的考试，我很想把这些告诉潘老师。

10月8日，我到了银川，虽然分别了5年，但银川没有太大变化。我凭着记忆很快就在邮局宿舍找到了发小邵燕生，他们全家热情地接待了我。在他家住下来后，便去宁夏人民广播电台找潘振声老师。

可是非常遗憾，因为特殊原因，没能见到潘老师。我失望极了，但也无可奈何，只好离开了银川前往兰州。

兰州有我的第二个母亲，我的奶妈。我出生那年，母亲已经42岁，高龄产妇奶水不足。奶妈是妈妈老家邻村的人，命很苦，孩子刚出生就夭折了，母亲便请她来给我喂奶。奶妈把我从小喂大，对我非常好，我与她很亲。父亲当年从九江调到兰州，她也跟着我们一家来到兰州。后来，父母帮她寻了新的夫家，她便在兰州定居了。

算起来，我已经5年多没有见过奶妈了，非常想念她们一家人。

到达兰州时已是午夜。我敲开奶妈的门，奶妈又惊又喜，拉着我的手左看右看，听说我还没有吃晚饭，便立即生火给我煮面条。

兰州最让我牵挂的，是令自己痴迷的花儿、秦腔等民歌戏曲，还有小时候我从银川一直追看到兰州的甘肃省歌剧团的演出。

1965年，我在南昌时就知道，甘肃省歌剧团创作排演了一台新歌剧《向阳川》，是一出反映新农村现实生活的戏。因为题材新、音乐美，演出后造成极大轰动，还被选进中南海演出，受到周总理的高度评价，主题曲《中华儿女斗志昂》广为流传。

后来，江西省采茶剧团移植过这部戏，改成了南昌采茶戏。我在南昌也看过，但我从小就对甘肃高亢、悠长、爽朗的花儿情有独钟，而《向阳川》原剧中就大量使用了花儿音乐素材。所以，我想这次到了兰州，要好好欣赏这台戏。

第二天，我便跑到甘肃歌剧团打听《向阳川》的演出，却得知已经停演了。接待我的是剧团的美工师，人很热情，他的妻子是这部戏的编舞。为了弥补我的遗憾，他妻子特意教了我一些剧中的舞蹈动作，还帮我到资料室找了一些音乐资料。

后来我上街，去图书馆和新华书店看音乐图书。运气还真好，我找到了《向阳川》的完整剧本，还附有全剧插曲的曲谱，我没有丝毫犹豫就买了下来。

我一直认为，人有两个故乡：一个是出生地的故乡，一个是心灵上的故乡。西北就是我心灵的故乡，是心灵休息滋养的地方。老师的启蒙、奶妈煮的面、哥哥们的照顾、母亲的爱护、朋友们的陪伴，以及高亢的花儿、激越的秦腔等等，就像一团团温暖的火焰，照亮了往后我很多艰难的道路。它们给予了我饱满的归宿感，让我在前行的道路上更加勇敢。

谢谢你，故乡。

守着火炉吃西瓜、抄民歌

10月17日午夜,我乘车离开了兰州,前往西安。彼时大哥已调往西安装甲兵工程学院任教师,他们学校在西安郊区的灞上。那里的灞水河道上有一座桥,叫灞桥,是古代西安东出的必经要道。这个地方历史悠久,典故众多,更从唐朝开始就有着"灞桥折柳赠别"的习俗。我住大哥那里时,灞桥给我留下了极其深刻的印象。很多年后我到广州,还根据当年的感触写了一首曲子名为《灞桥柳》。同事陈小奇看到之后非常喜欢,填了词:"灞桥柳,灞桥柳,拂不去烟尘,系不住愁……"后来,这首歌还被电视剧《大秦腔》选作了主题曲。

我在大哥处安顿好后,就进城去,找几个月前在中国音乐学院艺考时认识的房立平。房立平家是个音乐世家,一进他家,我就感受到了不同,他家日历都是挂在一支小提琴面板上的,即使放在现在,都非常优雅别致。

房立平带我认识了几位同样热爱音乐的同学,他们说正想去新疆，问我是否想一路同行。新疆的维吾尔族、哈萨克族都是能歌善舞的民族啊，那里一定有很多音乐素材可以搜集，千万不能错过。我立马提出要与他们一同去，来一场说走就走的旅行吧。

走之前，大哥说他有很多文艺图书，但已经用不上了，看我有没有想要的。我花了半天时间清出了一大堆，大哥惊讶地说："这么多，你都拿走？拿得动吗？"

我说："这些书我太喜欢了，丢掉了可惜，无论如何都要背回南昌去。"大哥见我只有一个小挎包，便找来了一条麻袋装上书，我扛着大半麻袋书上了火车。

10月31日晚上6时，我和房立平等一群人乘上了前往乌鲁木齐的火车，开始了新疆之旅。路途很漫长，又是绿皮慢车，走了三天三夜，11月3日才到达乌鲁木齐。

我们都非常新奇和兴奋。我们这些人全都是歌舞迷，来新疆也是想来见识一下新疆的歌舞，哪怕是路上见到的少数民族孩子，长得像洋娃娃一样可爱，我们都会拦住他们，让他们唱歌跳舞。

来的路上就听说新疆昼夜温差很大，有着"早穿皮袄午穿纱，守着火炉吃西瓜"的说法。我们还真找到一个卖西瓜的店，店里有一个带烟囱的大火炉。那天晚上我们真的是围着火炉吃西瓜，感觉太神奇了。

第二天，我便找到新疆维吾尔自治区音乐家协会，去收集新疆民歌，但音协的女干部有顾虑不敢给我。我跟她说，我是中国音乐学院录取的学生，是专门学习音乐的，懂得鉴别香花与毒草。为此还给她举例，《东方红》的曲调就是陕北民歌，还有《北京的金山上》是藏族民歌。在北京时，我跟几个青海的藏族女孩儿学会了用藏语唱这支歌。为了打动这位女干部，我有意在她面前卖弄，一会儿用汉语唱，一会儿用藏语唱。

她见我非常真诚，又说得有道理，最后同意给我一些曲谱，让我在她办公室里抄阅。于是那两天，只要在音协的上班时间，我都在那里阅读抄写民歌曲谱。这些民族的民歌，都是宝贵的素材。每个省的音乐家协会都有一个职责，就是收集本地区的民族民间音乐。很多年后，国家终于出版了《中国民间音乐集成民歌卷》，每个省的民歌都有厚厚的一大本，都是作曲家们宝贵的创作源泉。

我们来新疆还有一个愿望，就是去纪录片《军垦战歌》的拍摄地看看。《军垦战歌》讲的是新疆生产建设兵团开发新疆的事，电影里展示了边疆极美的风光，电影中的那首歌《边疆处处赛江南》旋律特别动听，在全国被传唱一时。这次来新疆，可以说也是深受《军垦战歌》的吸引。

然而打听后得知，新疆生产建设兵团在北疆的塔里木，从乌鲁木齐过去，来回需要走一个月，大家瞬间傻了眼。11月的新疆已经是寒风刺骨，我们出发时都只穿了秋衣，好在接待站有棉衣棉裤可以借用，我们各人借了一套棉衣暂时顶着，根本不可能再去北疆。

无奈之下，只得去电影院又看了一遍《军垦战歌》，算是还了一个愿。

那个年代，技术落后，更别说使用特技了，影像品质可能还不如现在手机拍摄的。实景拍摄，没有滤镜修图，真实自然，出镜的演员都很朴实。故事也都是来源于生活，很接地气，像《军垦战歌》严格意义上说其实是纪录片，但也因为就是真真切切发生的事，所以看很多遍都不会觉得烦，几十年后的今天仍旧记忆犹新。

音协的新疆民族歌舞素材非常多，我整整抄了三天，还想继续抄，但实在坚持不下去了。到达新疆的第一天，我的皮肤便起了风疹，越抓越痒，最后蔓延到了脸上，嘴唇都肿起来了，说话都不利索了。再加上新疆实在太冷了，租的棉衣裤其实也很单薄，实在忍受不住，所以我决定返回。其他人还想在新疆玩儿几天，房立平决定和我一起上路。

人一生会经历很多旅程，会遇到风雨，也会遇到彩虹；会有寒霜严冰，也会有繁花似锦。最难的就是不管路途如何都能守得初心，一如现在流行的那句话："不忘初心，方得始终。"

创作如此，做人亦应如此。

我的坚持给我带来了好多好运气，后来我也听很多年轻人说："越努力，越幸运。"我的努力，是一种对于音乐的偏执，不达目的不罢休的状态。希望你们也可以在年轻时有这样的力量。

为了梦中的"花儿"去青海

从新疆返回途经兰州,我们决定在兰州奶妈家休息几天。

房立平没来过兰州,他一个人兴致勃勃地到处溜达。我始终忘不了《向阳川》这部戏,则去图书馆希望能查到一些资料。我来到大嫂母校西北师范学院的图书馆,竟然在馆里的《青海日报》上看到了《向阳川》的演出消息:当天晚上7点,青海省民族歌舞团将在西宁人民剧院上演歌剧《向阳川》。

我立即赶回奶妈家,给房立平留话,让他等我。我便背上书包,以最快的速度赶到火车站,直奔西宁。火车到达西宁时已经是晚上6点,我顾不上吃饭,急急赶往剧场。因为不熟悉路,赶到时,戏已经快开演,票已经卖完,售票窗口都已经关上了。

我赶了这么久,无论如何都不能空手而归。我找到门口验票的工作人员,向他们说明情况,并把学生证以及车票拿给他们看。他们仍不通融,说:"你明天看吧,明天还演。"

我说:"我是专程赶来学习的,时间紧迫,今天一定要看到。"说着拿出了带在身上的剧本。他们还是不肯让我进去,我便给他们背台词,又唱起剧中的歌曲。

也不知道他们是被我的执着感动了,还是被我的歌声打动了,知道我是个戏痴,便松了口,说:"座位已经没有了,你站到乐池里边去看吧。"

乐池是舞台前乐队伴奏的地方,是一块专门凹下去的场所,为的就是让观众看不到乐队,不影响观看演出。乐池里的椅子是根据乐队的人数定的,一人一座,我只能站在那里。但乐池的深度只有一米左右,我却有一米七以上的身高,如果直直站着,身体会伸出一大截,影响到别人看戏,所以我只能半躬着身体。

我就躬在那里,捧着曲谱,边听边看,沉浸在花儿的曲调里,如痴如醉。晚上 10 点多,演出结束,我走出剧院,感觉腰疼得像断了一样,吓了一大跳,以为自己生病了,反应了好大一会儿,才想到是躬三个小时腰的结果。同时,巨大的饥饿感也席卷而来,因为赶路,我差不多 10 个小时没吃没喝。可此时的西宁,所有的店铺都关门了,哪还有吃饭的地方?

我只得先去找住处。小城的人都睡得早,我把接待处的工作人员叫醒后,他们帮我办理了登记。我问他们有没有吃的,他们白了我一眼，说："你不看看，都啥时候了？现在哪里还有吃的？"

有了这一路闯荡的经验，我胆子也大了。到住处放下行李后，就开始找食堂。幸好食堂并没有锁门，黑灯瞎火里，我在灶上的蒸笼里摸到了几个冷馒头，赶紧就着白开水吃下，感觉终于活过来了。

我每到一个地方，必定要去当地的音乐家协会、群众艺术馆，还有歌舞团、文艺团体等处去学习，搜集音乐资料，来西宁也是如此。

第二天，我在街上打听这些单位，刚好看青海省群众艺术馆就在路边，我立即走进去。见一间办公室里有一位女干部，我就跟她说，我是从北京来的学音乐的学生，来西宁想学习青海民歌，希望她能给我一些当地的民间音乐资料。

和新疆的经历一样，她也说不能提供。我拿出在新疆的缠劲儿，她不答应我就不肯走，最后，她终于被我打动，拿出一本《青海民间歌曲集》送给我。我如获至宝，喜出望外。

我心满意足地回到兰州，已是晚上10点。在奶妈家见到房立平，谈起这次经历，他有些懊悔地说，自己不该出去玩儿，要是能和我一起去西宁就好了。他也对西北的花儿着了迷，我便带着他去华林山上，找到那些羊倌们，一次次沉迷在他们质朴动人的歌声里。

花儿是我最熟悉、最喜爱的传统民歌之一。在我后来的创作中，给了我无数的灵感。

记得 1968 年 5 月，青海出了一位为抢救牧民而牺牲的解放军指导员门合，全国都在宣传他的英雄事迹。我所在的宣传队也决定排一个节目来歌颂门合。为此，我骑着自行车去了江西歌舞团和农垦文工团，想找一些现成节目资料。

谁知道跑了一圈儿都没有找到一首歌，我有些沮丧地往回走，一边骑着车一边想着门合的事迹。突然门合日记里的四句话跳入了脑海："一切想着毛主席，一切服从毛主席，一切紧跟毛主席，一切为着毛主席。"

我念叨着这四句话，又想到门合在青海牺牲，而青海最有特色的音乐素材就是花儿。想到这里，我脑中突然冒出了两句旋律，带有青海花儿风格的曲调。我顿时激动万分，立即摸出笔要把这两句旋律记下来，可身上没有带本子，也没有纸，我生怕自己忘记这冒出来的灵感，便将曲调写在手掌心里。骑车时，又怕掌心把字迹磨掉，便用一只手扶着车龙头，飞快骑回宣传队。

见我回来了，几位队员立马围上来问我："颂今，找到资料没有？"

我匆忙地说道："不要和我说话，别打扰我。"说完进屋将房门关上，赶紧找到纸，一气呵成，只用了十分钟，就写完了整首曲子。

写好后，我打开门，兴奋地对大家说："刚才我是怕和你们说话，灵感跑了。现在歌已经写好了，我唱给你们听吧。"

队员们听了都拍手叫好，"颂今，这么好听的曲子，你是怎么想出来的？"

我说："这首歌的曲调是青海花儿的风格，用来唱青海的英雄最适合。"

作为第一首歌唱门合的歌曲，因为旋律优美动听，又非常易学好唱，无论去哪里演出，都有很多人跟着我们学这首歌。江西电台还请了南昌市歌舞团的专业演员们录制了这首歌的女声合唱版，在电台播出。随后中央人民广播电台的教唱歌节目，其他很多省市电台也都播放了这首歌，一时间全国各地都在传唱。

当然，这首歌现在看起来谈不上太多艺术价值。我想说的是，这首歌之所以流行，在于花儿那独特优美的旋律，而这种旋律则来自西北老乡的田间耕作、山原放牧，是真实生活的抒情漫唱。

在那个特殊年代中，很多歌都是为了配合当时的政治形势而作。时过境迁，那些歌多半也湮没了，但也有少数歌能够传唱下来，比如《北风吹》《山丹丹开花红艳艳》《映山红》，这些歌的优势都在于采用了宝贵的民歌音乐素材。我后来创作的《井冈山下种南瓜》也是如此。

很多年后，有人分析我的音乐创作风格，说我最大的特点就是民族韵味浓郁，对此我觉得十分中肯。因为从小，我就是在民族民间音乐的熏陶之下走上音乐道路的。我最热爱的、最熟悉、最喜欢的就是祖国各地的民间音乐。尤其是在大西北，各民族汇聚，不同的音乐风格、音乐文化相互滋养、融合、杂糅，这些深厚的音乐底蕴，都是我取之不绝的养分。即使后来有人说我只能写民歌，风格太"土"，我也从未动摇过自己的信念。

只要是我热爱的，是我认定的，我就会一直坚持下去。

如今的时代，开放通达，音乐形式更是百花齐放，但我却发现，歌曲的雷同现象越来越多，很多创作者在创作过程中甚至都没有意识到自己模仿了其他的歌曲。其实也很好解释，那就是这些创作者"肚子里没货"，他们没有去体验生活，没有从生活中发掘素材。那个年代，虽然我在宣传队的创作都是从政治出发，但我始终都坚持要有自己的艺术特色。我创作的旋律比较优美好听，歌曲风格独特，民族色彩比较浓厚，歌词也朗朗上口，这都得益于我跑了中国的很多地方搜集的民歌民乐。

兰州——郑州——广州

之后,我们从兰州乘火车去到河南郑州,停留了两天,主要是为了去听豫剧。

豫剧又叫河南梆子,不仅火遍中原,西北的西安、兰州、青海、新疆也都有豫剧团。童年我在兰州就看过西安狮吼豫剧团演出的《红珠女》,特别着迷。在郑州,我俩实实地过了一把河南梆子瘾。那天在人民剧院观摩完郑州市豫剧团演出的革命现代豫剧《欧阳海之歌》之后,我们到乐池找乐队指挥要到了一本油印的全剧曲谱,也算是大有收获,郑州没有白来。

20世纪90年代,我为歌唱家张也创作独唱专辑《千娇百媚》,就采用学到的豫剧音乐素材,创作了《木兰从军》一歌。

这趟采风之旅的最后一程,我和房立平坐火车到了羊城广州。

当时已是11月底,北方都已进入冬季的萧索。我们俩一路南下,越往南走越觉得热，不断脱衣服。到了广州，热得只能穿短袖了。一看气温，有摄氏二十几度之高，大街小巷，随处可见绿树红花。我和房立平都说，广州被称为花城，真是名副其实。

从那时起，我对广州便心生好感。二十年后，我竟在广州定居下来，想来这也算是缘分吧。

我俩在起义路的广东华侨中学住了下来，先是去参观了毛泽东同志主办的农民运动讲习所、三元里抗英纪念碑、红花岗等革命纪念地，接着就每天四处奔波，除了看演出，就是到文艺单位、书店、图书馆搜集音乐资料。

我们发现，市区珠江旁边的长堤附近，有个文化公园，里面搭了一个中心舞台，每天都有各专业剧团、业余文艺宣传队在那里表演。我们就天天去那里看演出，学到了很多节目，也收集了很多文艺资料。

华侨中学每天晚上也有联欢会，来自全国各地的学生都踊跃上去唱歌跳舞，表演节目。我也在那里唱歌，唱我那时候最喜欢的歌剧《江姐》唱段，比如《红梅赞》《绣红旗》《五洲人民齐欢笑》等等。大家都喜欢听我唱，我自己也唱得非常过瘾。

有一天，我跟房立平在北京路闲逛，突然听到有人说南昌话。我已经离开家两个多月了，听到乡音觉得特别亲切，连忙上前去搭话。原来是四位南昌五中的女同学，老乡见老乡，我们很快就熟络起来。她们对文艺也都很有兴趣，后来回南昌以后还加入了我们的宣传队，一起排练了很多歌舞节目。这算是在广州意外的收获吧。

广州温暖的亚热带气候、美味的特色风味小吃、云山珠水湖光山色的美景，都让我们迷恋。然而，最着迷的还是别具风情的岭南音乐、粤剧粤曲、咸水歌、南海渔歌、客家山歌、潮州锣鼓等等。从11月23日到达广州，到12月3日一早离开，连头带尾足足在这个城市待了10天，成为我这趟外出停留时间最长的地方。

似乎是预兆吧，当时怎么也不会想到，21年后为了音乐梦想，我会举家搬迁到广州，扎根岭南歌坛，开创自己最辉煌的一段音乐生涯。今天算起来，定居广州已经有37年了，也是我一生中居住时间最长的城市了。

当天晚上11点半，我和房立平在株洲站分别，各自登上了回家的火车。

记得9月初，我一个人离家坐火车从南昌出发，经过杭州、上海、南京、北京、银川、兰州，到西安有了房立平结伴一路同行，又到了乌鲁木齐、兰州、西宁、郑州、广州……走了中国很多地方。

每到一地，我不是醉心于游山玩水，而是四处登门，拜访那些赋闲在家的专业老师，向他们求教乐理，请他们批改习作。我走进一个个城市的群艺馆、音协、剧团，向管资料的干部诉说着、恳求着，把那些珍贵的民歌汇编借出来，一本本地看，一首首地抄。

虽然旅途劳顿，有时挨冻受饿，但是我搜集学习了各地各族民间音乐，得到了众多专家老师的指点。将近三个月之后，我终于在12月6日上午回到了南昌。出门时只带了一个军用书包，回来时，我背回了一个满满的大麻袋，里面装满了沿途收集的各种音乐图书资料，真的可以说是满载而归。

虽然当时身处逆境，上不了音乐学院，但我为采集民间音乐，风尘仆仆，奔走三千公里，把祖国大地变成了自己的"社会音乐大学"。

我和房立平在这次旅途中也结下了深厚的友谊。此前在中国音乐学院考试时，我们是志趣相投，后来从新疆到广州，我们结下了患难与共的同学情谊。我很庆幸，年少时能有这么一位朋友千里相伴，追寻心中的热爱，见证热烈的青春。

都说，人生如旅。我们在旅行中，路过别人的人生；我们也在旅行中，填充自己的人生。旅途中那些不确定的未知，那些不一样的遇见，以及不一样的惊喜和不一样的感动，最终将化为生命中暖暖的、彩色的光，成为随时出发的勇气和力量。

采茶戏音乐孤本被我保存

回南昌后,我立即开始实施文艺宣传队的构想。我找到了在广州认识的四位女同学,还从南昌一中和其他学校动员了一些唱歌、跳舞比较好的同学,组建起了队伍。我当队长,也是导演,还兼任创作。半年来,我们排演了一台歌舞节目,到处演出,反响都特别好。

这年夏天,全省要组织排演一台类似音乐舞蹈史诗《东方红》那样的大型歌舞剧,计划由三百余人演出。在选调创作团队时,我也被选进了创作组,参加作曲。这个团队集中了江西文艺界精英人物,省市许多著名的文艺编导、歌舞演员、作曲家、词作家等都在其中。对我来说,是一次难得的学习机会。

记得刚开始比稿时,我的作品因为质量不佳几乎都被枪毙了,但是我毫不泄气,虚心向老师们学习讨教。等写到第四场的时候,我的作品才陆续被采用,我的创作状态也越来越好,被采用的作品也越来越多。被选中的歌曲马上就排练,搬上舞台演唱,效果如何立马能够听到。在短短半年的创作实践中,我学到了很多东西,收获满满。

大歌舞结束后，又从三百多人里抽出了三十多位艺术水平高、表现突出的同学，组成了一个省级文艺宣传队，我担任队长和编导。这个队伍就像现在的心连心艺术团一样，到各地市巡回，演遍了全江西。

对于我来说，除了演出，每一个地方最重要的还有一件事，那就是收集当地的民歌。

比如到井冈山，演出一结束，其他人都是去休息游玩，我则是要去找一些当地的老红军宣传队员、民歌手，找他们唱当地的山歌小调，他们唱我记谱，这些都是我日后宝贵的创作素材。后来我写《井冈山下种南瓜》时的灵感，就来自我这次收集的一首永新县民歌《摘茶子》。

除了大西北的民族音乐对我的影响外，江西的民歌、采茶戏对我也有很多感染。尤其是江西的采茶戏，与西北地区的高亢激越不同。采茶戏是在江西的民歌小调的基础上发展起来的一种民间歌舞小戏，类似于安徽黄梅戏、湖南花鼓戏、广西彩调、云南花灯，表演形式轻松活泼，音乐唱腔婉转动听。因此当宣传队到了赣州演出时，我专门去了赣南采茶剧团，拜访钟定权老师，他是赣南采茶戏音乐的专家。他们剧团以前排演过一部戏叫《茶童哥》，之前我在南昌看过，曲调非常好听。我找到钟定权老师，向他索取这部戏的曲谱资料。

但钟定权老师说："你千万不要再提了，这个戏被打成了'大毒草'被禁了，当时印好的曲谱和剧本，全部都被封存起来了。"

但我是个不达目的决不罢休的人。在我的不断恳求下，钟定权老师冒着风险，从资料室偷偷摸了一本出来送给我。我视若珍宝，带在身边小心保存。而钟定权老师也绝没有想到，他这次的冒险行为，后面帮了自己大忙。

十年后，我考进上海音乐学院作曲系学习。一天看到《文汇报》报道，说上海天马电影制片厂要拍一部电影戏曲片《茶童戏主》，这个戏就是当年的《茶童哥》，还邀请了赣南采茶剧团来沪表演，目前正在上海电影制片厂排练。

我问到了剧团的驻地在建国饭店，立马赶过去，找到了钟定权老师。见到他我很高兴，他却一脸愁闷，原来就在我离开赣南没多久，所有的剧本和谱子就被一把火烧掉了。这次拍电影，找不到剧本与曲谱，只能靠大家回忆台词与唱腔，一点点儿地记录整理，每个人的回忆还都有出入，正在着急发愁。

我说:"别着急,当年您送我的那一本,我一直好好珍藏着,带在身边,就放在上海音乐学院宿舍床头。我马上回学校去取来给您。"

钟定权老师当年给我的是完整的一套剧本和曲谱,没想到变成绝版了,一下子解了他们的燃眉之急。

除了《茶童戏主》,当年我收集保存的好多音乐资料,包括《苏区红色歌曲》也成了绝版。它们为后来重新恢复革命音艺史料,都起到了重要作用。

我一直觉得自己着实好运,年轻时能遇到这么多乐于帮助我的好人——新疆维吾尔自治区音协的女干部、西宁群众艺术馆的女同志、赣南采茶剧团的钟定权老师等等。在那个特殊年代,他们帮助我收集音乐资料,是要担负一定风险的,但他们仍然都给予了最大的帮助和支持,让我收获了最想要的音乐资料。

我也常常想,自己怎么能有这么好的运气?后来我猜,大概是在那个动乱的年代,像我这么执着于音乐的人太少见了,所以面对我的再三恳求,他们都被我这个年轻人的执着感动了吧。

其实任何时代都一样,时代怎么变动,都难不住坚持执着的人。

后来我也经常跟我的学生讲：想做成一件事，一定要执着，要坚持。我想，也许这就是现在年轻人常说的那句："当你专注且拼尽全力做一件事情时，全世界都在你脚下。"

而也正是这份专注和坚持，让我在接下来更为艰难的境遇里给自己点亮了一束光。

第三章 我在工厂『种南瓜』

生活是灵感的源泉

1968年,全国高考取消,学校停课,造成了1966届、1967届、1968届高中、初中学生的滞留和堆积。为了解决我们这批学生的就业危机,全国掀起了知识青年"上山下乡"运动。因此,我的大部分同学都下乡插队去了。

我的情况比较特殊,两个哥哥都是部队军官,从军在外地。母亲去世了,父亲身边只有我一个孩子,按照有关政策,我是可以留城的。更重要的是,这三年我一直都专注在搞文艺宣传,从来没有干过乱七八糟的事,学校领导们对我印象都很好。因此,他们一致同意让我留在南昌父亲身边,我就被分配到江西铸锻厂,当一名技术工人。

铸锻厂在南昌郊区青云谱,离家不算特别远,骑自行车半个多小时就能到。按照当时的情况,铸锻厂实打实是个好单位。拿到分配通知的时候,我满心欢喜。那个年代,能成为工人阶级的一员是非常光荣的。可到了晚上,我又忍不住想哭。我就要进工厂当工人了，做了那么多年的"大学梦"，也许永远都不可能再实现了。

我忍不住向父亲抱怨，我的命运怎么就这么差，每次眼见曙光在前，却都戛然而止。

父亲宽慰我说："塞翁失马，焉知非福？现在是工人阶级领导一切，工人是老大。和其他上山下乡的同学相比，你能够留城当工人，已经好了千百倍了。"

交杂着遗憾和憧憬，我开始了工人生涯。

虽然是当工人，但音乐仍是我的终极梦想，我过不了没有音乐的日子。因此到了工厂，我就去找厂革委会宣传部，要求组织一个工人业余宣传队，排演文艺节目。在那个年代，不仅学校有宣传队，工厂宣传队也是异常活跃的。比如南昌的江西拖拉机厂、洪都机械厂以及南昌柴油机厂，都是万人大厂，都有非常不错的宣传队，在全市也都排得上名。

我分配的铸锻厂只是一个中型工厂，有两千多工人，但因为职工里中老年居多，宣传队一直没组织起来。因此，当我向厂里提出此事时，由于他们多少也知道些我在文艺宣传方面的能力，便一口答应，让我全权负责。不过，他们希望宣传队的规模不用太大，定下演员 16 个人、乐队 8 个人的编制，以免太多人脱产，影响生产。

人员少，就意味着每个成员都必须是多面手，一专多能，但铸锻厂以前的老工人，几乎找不到几个有文艺细胞的。而我们这批新进厂的学生，虽然有二三百人，但是有文艺才华的也很少。如果一个人只负责一项，或许勉强可以凑成一个班子，要找多面手，真的是太难了。

全厂两千多工人，我不信凑不够 24 个人。我写了一个告示，征集报名。然后我还到各车间去物色人才，一个个地找，终于找够了人，宣传队总算拉了起来。

宣传队成立之后，我便开始考虑节目编排。以前我是中学生，所排的节目自然带有浓厚的学生色彩，但是现在身份不同了，是工人宣传队，就一定要有工人特点，而且还要有我们铸锻厂的特点。但我刚进厂不久，对铸锻厂不熟悉，为了搜集创作素材，便去找老工人们聊天。聊天中我发现，铸锻厂的炼钢炉经常因为某种故障需要检修，但当值的班组担心检修影响自己的进度，往往会拖着不解决，把问题甩给下一班，双方因此经常闹矛盾。于是，我便根据这个情况，编写了一个独幕话剧《炉前激战》。

剧情大概是，炉长在工作时发现炼钢炉膛烧坏了，需要停下来修补。但如果此时停工，生产进度就会受影响，先进就拿不到了。

所以，他主张继续生产，让下个班轮值时修补。但是，班组里其他人认为不应该把麻烦推给别人。最终，在一名老工人的带领下，将炉火熄了，但并没有按照常规等炉内温度完全降下来再进行修补，而是冒着高温乃至生命危险，穿着隔热服爬进上千摄氏度的炉膛进行抢修。如此，既修好了炼钢炉，也完成了生产任务。

虽然我没有在炼钢炉前的工作经验，但宣传队里有几位就是炼钢师傅，演炉长的小雷现实中就是一名炉长，可以说是本色出演。我向他们讨教了很多实际工作中的细节，因此整个故事非常真实，贴近生活。

这部戏是宣传队的首秀，为了呈现最好的舞台效果，我想了很多办法。首先，我为这部独幕话剧创作了一首主题歌《紧握钢钎打冲锋》，进行曲的节奏，大家唱得铿锵有力。再配上用录音机去炼钢车间录下来的机器轰鸣声实际音效，拿到舞台上一播放，营造出了特别逼真的气氛。此外，要设计炼钢车间的布景。为此，我在舞台的侧面按照炼钢炉的样子搭了个景片，再找来一盏强光探照灯，用红布包起来，灯光就变成了红色的，看上去就像是炉膛里燃烧着射出来的光，效果非常逼真。

排练好后，我们带着这个戏去参加南昌市工人文艺会演，一举拿到了剧目一等奖。之所以能够获奖并且是一等奖，并非我们的剧本质量高，也不是表演水准高，而是我们的这个节目，剧情演的是工厂现实生活，演员与音效来自炼钢车间，真实的故事、逼真的舞台氛围，引发了观众和评委们的热烈共鸣。

这也让我意识到，好的艺术都是来自生活、贴近生活的。生活是创作的最大灵感池。

铸锻厂第一次拿了全市大奖，厂革委会领导们极为高兴，对我赞赏有加，对宣传队也更加重视起来。

我的名气也在省市各地传开了，很多工厂、矿场的宣传队都来请我帮他们写歌。我每次都是来者不拒，有求必应。而且，我写歌的速度也非常快，基本上不用太久时间就能写出让他们满意的作品。有人传说，我的大脑里装了个音乐库。其实，我的音乐库就是我多年以来在全国各地搜集来的那些民歌素材与音乐资料。

所有的创作，底层的逻辑都是相通的。音乐、文学，或者影视剧，那些打动人心的作品一定是能引发人们情感共鸣的，而这种共鸣也一定是来自对生活的洞察。

生活就是一篇乐章，即使平淡无奇，仍含有动听的音符和旋律。所以我说年轻人，保持对生活的热爱吧，那里蕴藏着不凡的宝藏。

食堂里发现歌唱家

为了搞好宣传队,我像个星探一样,在厂里四处留意,看能否发现文艺苗子。

有一天,我在食堂打饭,窗口传出一句问:"打几两?"

我心中一动,这个声音太特别了,浑厚有力,还这么有共鸣。那时厂里食堂卖饭的窗口是墙上的一个小洞,看不到里面,我立即转到了后厨,去看是谁的声音?原来是一个小伙子,身高大概一米八,相貌堂堂,长得很帅气。

我向他问道:"你喜欢唱歌吗?"
他说:"喜欢。"
"那你上过台表演过吗?"
"没有。"
"你叫什么名字?"
"龚冬健。"

"你知道我吗？"

"知道，我每天都看见你带着厂宣传队在这里排练。"

当时宣传队没有专门排练的地方，我们便在食堂里挪出了一个空间，作为宣传队的排练场。

我接着问他："有没有兴趣来宣传队？"

他立即兴奋地说："好哇！"

宣传队当时可是美差，每个月差不多有一半的时间都可以脱产排练，不用在车间干活儿那么辛苦。

我料定他会同意，说："那好，你下班后来找我，我要听听你唱歌。"

下班后，他果然来找我。他一开口，我又暗吃了一惊，他的声音真是非常浑厚、非常低沉，是非常稀缺的男低音。

提起歌唱家，人们以为女高音好找，男高音难求。实际上，出色的男低音更是稀有，可遇不可求。正因为稀有，著名的男低音歌唱家，一般人连听说都没有听说过。当时，我只以为发现了一个可以进厂宣传队的业余演员，却不知多年后他将是活跃在国际舞台上的男低音歌唱家。

龚冬健声音虽好，但音乐基础不好，是个从未学过唱歌的小白。这让我有点儿头疼，现教了他几句，发现他领悟力很强，也有很好的乐感。我的信心又被提了起来，认定他是个值得培养的人才。

当天，我就找到厂工会主席，对他说："我创作了一首表演唱《蚂蚁啃骨头》，需要多几个男生参加表演，食堂刚分来的一个青工嗓音非常不错，如果他能加入，我们这个节目效果会更加出色。"工会经过考察，确定我不是任人唯亲后，同意了龚冬健加入。

宣传队的其他人都是老队员了，舞台经验自然比龚冬健好。龚冬健却连简谱都不识，我便单独一句一句教他。等12个男队员站在一起齐唱的时候，龚冬健的声音天赋一下子凸显出来，出色的音质将别的人声完全覆盖了。从那时起，我想，这个人说不定是一个歌唱天才，以后要培养他独唱。果然不出所料，安排他登台独唱了之后，反响非常好，全厂观众都交口称赞。

后来，南昌市工人文化宫要举办一个声乐学习班，分给我们厂一男一女两个名额，我毫不犹豫地推荐了龚冬健。学习班讲课的刘文干老师，是江西师范学院音乐系的教授，男中音歌唱家，在江西是声乐方面的权威。他一听龚冬健的声音，便发觉他是难得的男低音。学习班结束后，刘文干教授收了龚冬健当弟子，利用业余时间为他上声乐课。

这让龚冬健的歌唱技艺突飞猛进，迅速成为江西引人注目的男低音歌手。我觉得他是个好苗子，便努力在厂里替他活动，将他从食堂调到了我所在的机修车间。他在歌唱方面，学习和练习都非常努力，但在车间干活儿时却有点儿吊儿郎当，厂里的工人对他有些意见，他也完全不在意。工会以及厂革委会领导多次找我谈话，希望我能帮助他、约束他。我每次找他谈，他保持不了几天，又故态复萌。我为此跟他生了不少的气，但对他的才华又是打心底地欣赏。

我没有受过系统的声乐训练，显然没办法给他提供专业的支持。但我认识很多这方面的专家，我非常努力地将他推荐给他们，比如南昌市少年宫的声乐教学权威余贞一老师。改革开放以后，从江西从南昌涌现出了一大批知名歌手，余老师都功不可没。

余老师曾是南昌少年宫合唱团的老师。当时我在南昌一中读书，想到少年宫报名参加合唱团，但是少年宫的合唱团只收小学生，我只好报了美术班。我在美术班活动的时候，余老师就在隔壁教孩子们唱歌，我常常跑过去听他排练指挥，因此和他结下了友谊。我将龚冬健介绍给余老师，让他在专业上又得到了进一步的指导。

当时，只要我认识的所有声乐方面的专家，我都会介绍给龚冬健。龚冬健也因此迅速成长起来，成了南昌市著名的独唱歌手。在1975年前后，北京举办全国性的独唱重唱选拔赛，江西组成了一个代表团参赛，其中就有龚冬健。

临行前，我特意和他一起去找余贞一老师，余老师给他写了一封信，将他介绍给自己的姐姐。余老师的姐姐余明复，是中央民族学院的钢琴教授，她的先生在总政军乐团吹黑管，夫妇俩后来对龚东健都多有帮助。

这次比赛还没有结束，龚冬健还没有回到南昌，北京的总政军乐团就派了作曲家魏群来到铸锻厂，要调他去部队。可是，厂里人事科不同意，说他家庭成分不好，祖父是资本家。我得知后，立即跑到厂人事科、工会为他多方说情。虽然我知道我的力量很渺小，但是还是想尽力试一试，因为我太知道这种时运不济的感受了。

此前，就因为我的作曲水平突出，福州部队前锋文工团几次来调我。我也特别想成为一名真正的文艺战士，但每次都是政审不通过。所以，尽管我有音乐创作才华，能力突出，但仍旧不得志。我真心期望着龚冬健能比我更幸运。

他也确实时运好，总政军乐团还是惜才，最终将他的档案拿走了。他们刚刚走，中央广播文工团的人就来了。他们和总政军乐团是差不多同时从北京出发，只不过总政的人是坐飞机，而广播文工团的人是坐火车，一前一后，龚冬健的命运终于被改变了。我是既欣慰，又羡慕。

龚冬健在总政军乐团当了独唱演员。恢复高考后，他又继我之后考入上海音乐学院，跟著名歌唱家周小燕老师学习声乐。20世纪80年代他又赴美国深造。21世纪初，我看到一则报道，称著名华裔男低音歌唱家龚冬健在美国大都会歌剧院演出。原来，龚冬健已经是国际著名的歌唱家了。看到这则消息时，我高兴了很久，就好像是自己功成名就一样。

不仅是对龚冬健，只要是我觉得有天分的，愿意从事文艺活动的年轻人，我都尽所能地提供帮助。因为我自己淋过雨，深知其中苦楚，所以总想尽力为别人撑把伞。更因为，在我一路的成长过程中，受到了很多老师的无私帮助，那份关爱和温暖，一直潜移默化地影响着我，让我将这份温暖和爱护传递下去。

初中课文中说："千里马常有，而伯乐不常有。"成为一名伯乐，让更多的千里马大放光彩，是我更为欣喜的成就。

终于有了自己的小窝

1972年,我在工厂的三年学徒工生活终于熬到头了。当时进工厂头三年是当学徒,工资很低,一个月只有16块钱,还不能随便离厂住宿。学徒期满就可以搬出去住了。

可是因为头一年我家所在的街区拆迁,老房子已经拆成一片废墟,我无家可回了。

我二哥一年前从部队复员回到南昌老家,分配在市汽车运输公司工作。他便找领导,帮我借了一间房子,就在他住的那栋宿舍的楼梯间。里面堆放着一些锣鼓、旗杆之类的杂物,整理出来后仅够放一张单人床,但我也很满足。厂里的集体宿舍人多嘈杂,平时我想看会儿书,搞搞创作,很难静下来。楼梯间虽然狭窄破陋,但至少能有一个自己的独立空间了。而且这里和二哥家在一栋楼,父亲去世后,能常常见到哥嫂一家,我会感觉不再那么孤单。

可好景不长,我才住了没几个月,二哥单位以整顿为由不让我继续住了。我只得又回工厂的集体宿舍。

恰在此时，南昌建了一座综合性的服务大楼，里面有餐厅、理发店、照相馆、澡堂等，几乎囊括了所有服务行业，类似现在的大型商场。为了宣传自己单位，他们准备排演一台文艺节目，请我去帮他们搞创作。

服务大楼宣传队有一个年轻的锅炉工，是个广东人，绰号"毛仔"，为人很热情，我们很快成了好朋友。有一次聊天时，他问我："谈女朋友没有？"

那是1972年，我26岁，但憔悴且老相，看上去就像三十多岁的人。加上我已经小有名气，很多人都以为我早已经成家立业了，所以当我对毛仔说"谈什么朋友？我连房子都没有"时，他一脸惊愕，"你怎么会没有房子？那你住在哪里？"

我告诉他，"原来家的房子在抚河区，被拆了。现在住在厂里的集体宿舍。"

他皱着眉头说："像你这样搞创作的人，一定要有安静的环境才行呀，工厂的集体宿舍多嘈杂，怎么能写东西呢？"

我叹口气说："是啊，可我也没办法啊！"

他想了想，凑过来有些神秘地说："我家附近空着一间房子，你敢不敢搬去住？"

我说："那怎么行？又不是分给我的房子。"

他推推我，怂恿道："那间房子空了好几个月了，没人管，你要是想去住，我就去撬锁。"

我太想有一个自己的空间了，于是心一横，就跟他去了那间空屋子。

房子在南昌八一广场旁边的一条小街上，原本叫半边街，意思是一边靠近城市，一边靠近乡村，后来改称安源路。那座房子是两层楼，很简陋，主体是木头，墙是竹篱笆糊黄泥，很薄的一层。

空着的那间在二楼的楼梯口转弯处，毛仔利落地将锁撬了。我推门进去，只见有一个小小的木窗，屋子面积很小，只能放一床一柜一小桌，再也容不下其他物件了。地板缝儿还透着光，一看，原来是木地板之间有缝隙，楼下的灯光透了上来，还能看到楼下的情景。

"怎么样，不错吧。"毛仔一脸得意。

"嗯，不错，不错！"我连连点头，在那个时候，能有一个自己的空间，只要不是上漏下湿，对我来说就是洞天福地，更何况，这比上次住的楼梯间要宽敞多了。

我兴冲冲地搬了进来，但仍有做贼般的心虚。果然，几天后，我下班回来，发现门上豁然贴了一张封条，落款是南昌市西湖区房管局！

我心里忐忑极了，忙找到毛仔，问他怎么办。
"撕掉算了，管它呢。"毛仔满不在乎地说。

我没有这个胆量，想了想决定还是去房管局碰碰运气。当时居民住的大多是公租房，房管局就是大房东。

我找到房管局，当值的是一位三十多岁的女同志。我跟她说了情况，当然没敢说撬锁的事，只说当时见房门开着，朋友以为是邻居的空房子，就先借给我住。

女同志很不耐烦地训斥道："有那样的好事吗，随随便便就敢搬进去住？"
我忙跟她解释："是我们错了。我家原来在抚河区，被拆了，父母也都去世了，就自己孤零零一个人。平时还要学习搞创作，西湖区服务大楼的文艺节目就是我负责作词作曲的，工厂的集体宿舍人太多太乱了，实在是没有办法了。"
我尽量表现出最大的诚恳，女同志听到我说是为了搞创作时，脸色也缓和下来："那行吧，既然你都已经住了，就算了。不过，你以后要按时交房租。"

我立即高兴地应道："一定，一定，一定按时交！"那时的房租很便宜，一个月也就一块来钱，我的工资也涨到了24块，毫无房租压力。所以，我几乎是欢跳着奔出房管局，真是意外之喜，从此我可以住得心安理得了。而且我发现，这间小房子还给我带来了好运气。

之前我在机修车间当车工，一台车床三个人，24小时三班倒，车床不停人轮换。因为我经常有演出任务，脱产不回车间上班，车床就得停摆。经常这样，非常影响生产，车间主任颇多怨言。

为了解决我脱产去宣传队搞演出，导致车床停转影响生产的矛盾，厂里决定给我改换工种，调到新建立的热处理车间当热处理工。这里不像机修车间"一个萝卜一个坑"，都是集体作业。一个作业组七八个人，把烧得通红的铸件从电炉里钩出来，再迅速投入油水中冷却，都是一群人协同作战，少一个人，多一个人，工作照样能进行，就是我被抽调走，也不影响生产。

接到通知，我很是开心。热处理车间是高温作业，每月会有额外的3元降温费，等于涨了工资。最重要的是，热处理车间自由度大一些，工作也相对清闲很多，我能腾出更多时间搞自己喜欢的音乐创作。

在热处理车间工作没多久，就听说因为欠缺熟练的热处理技术工人，需要选派有一定文化水平的人去上海学习一年。我是高三毕业生，条件正好适合，便进入了赴沪培训人员名单。

我当时已经学徒满师，每年开始有了半个月的探亲假，跟现在公司的年假一样。我就想，趁着这次机会先把探亲假休了，去一趟大西北，看完大哥和奶妈，再回上海报到。

我先到西安，看望了大哥夫妻俩。大嫂打开我抄满习作的歌本，架在钢琴上，她弹琴，我哼唱，给我提了不少修改意见。然后到兰州，见到了我思念的奶妈一家，弟弟妹妹们都长大了，我们去照相馆拍了珍贵的合影。

最后到银川，去看望我的音乐启蒙老师潘振声。1966年，我曾经去银川找过他，但是因为那个年代的特殊原因，没能见到他。好在这次我终于如愿，在宁夏电视台见到了当音乐编辑的潘老师。虽然过去了多年，潘振声老师还是一下子就叫出了我的名字，这让我意外又惊喜。他说："我当然记得你，小时候你歌唱得很好，现在还喜欢唱吗？"

我说："受您的影响，我现在也在学着作曲。"然后我将自己写的歌曲拿给他看。潘老师是儿歌专家，对我写的儿歌大加鼓励，给了我很多建议和教诲。此后，我们一直保持着通信联系。

上海，培训写歌两不误

完成了拜见潘振声老师的心愿，探亲之旅也就结束了，我便赶往上海建筑机械厂报到。在上海，厂里安排我们住在九江路上的长江饭店（现在的申江饭店），靠近南京东路，那里当时就是上海非常繁华的地方。建筑机械厂在西郊逸仙路，从长江饭店过去需要坐40分钟左右的公共汽车。

在南昌是12小时工作制，上海则是严格的8小时，一天三班倒，早班是6点到14点，中班是14点到22点，晚班是22点到早6点。若是上早班或者是晚班，白天就有大量的空闲时间。我便经常去附近人民广场旁边的上海图书馆看书、创作，或者见朋友、学习音乐。

恰好以前宣传队里一个唱歌的小杜同学也在上海钢铁厂学习。我常去钢铁厂找他，还在他那里第一次见到电视机，感觉非常新奇，之后有机会便跑去看电视。印象最深的是，为庆祝成昆铁路建成，铁道兵文工团表演了舞蹈节目《雪中送炭》，演员们都穿着彝族服装，那些装饰华丽的百褶裙演出服给了我深刻的印象。因为大家当时穿的衣服不仅色彩单一，基本上只有灰、黑、蓝、绿这几种颜色，更无款式一说，全国的男女老少几乎穿着同样的衣服。突然在电视上看到如此漂亮的服装，让我大开眼界。

小杜对歌唱也十分痴迷，之后辗转认识了上海乐团的歌唱家许幼黎。小杜带我去见了许幼黎，许幼黎又介绍我们认识了乐团的钢琴师吴嘉平。我拿出自己写的歌向他们请教，许幼黎看了很赞赏，还让吴嘉平弹着钢琴即兴伴奏，我们三个人一起唱。每唱完一首，他们就猛夸一番，我心里的得意都快要漾出来了。

许幼黎尤其对《蚂蚁啃骨头》赞不绝口，说曲调非常特别，没有听过。这就是我的优势了，我创作这首歌的时候，借鉴了东北二人转的音调和风格，边唱边说，形式非常新颖活泼。许幼黎说，他的同学刘念劬，毕业于上海音乐学院作曲系，现在是上海人民出版社《工农兵歌曲》杂志的编辑，建议我可以将这首歌拿去投稿，还特意给我写了一封介绍信。

我拿着介绍信找到了刘念劬老师。他看了我的歌，夸我写得很好，歌曲很有新意，但没有提刊发的事。但他告诉我和小杜，他们组织了一个工农兵歌曲创作小组，不定期开展活动，9月12日晚上将请著名作曲家朱践耳老师讲课，如果我们有兴趣，可以去参加。

朱践耳是《唱支山歌给党听》的曲作者，上海大名鼎鼎的作曲家，他的课可遇而不可求，我绝对不能错过。不巧的是，那天我恰好上中班，要到晚上10点才下班。我找到带我的沐师傅，请他帮忙调一下班。好在沐师傅非常支持我，帮了我这个忙。

当时，社会形势渐趋缓和，一些报纸复刊，音乐方面也推出了《战地新歌》一书。朱践耳老师那次讲课就是以《战地新歌》第一集中三首医疗卫生题材的歌曲《采药歌》《千年的铁树开了花》《医疗队员之歌》为例，分析同一类题材中，每首歌曲不同的创作手法、独特角度和艺术特点。

虽然这些歌我早已经非常熟悉，一些理论我也在书本上看到过，但都是一知半解。经朱践耳老师一讲解，我豁然开朗，好似拨云见日，也开始意识到创作需要鲜明的个性和最能表现内容的形式。套用古诗就是："听君一席话，胜读十年书。"

求学之路多有迷雾，名师点拨常常能起到四两拨千斤的作用。虽然此后我与朱践耳老师交集无多，但是那节课着实令我受益匪浅。

在《工农兵歌曲》创作组里，我还认识了一位女编辑李丹芬老师。我将《蚂蚁啃骨头》这首歌唱给她听，她也啧啧称赞，但她说，歌唱工农兵的歌，得工农兵说了算，要向工人师傅请教，让他们听听这首歌。我对这个想法有点儿不以为然，普通的工人师傅哪里懂音乐呢？

李丹芬老师对此事很认真，很快便约好了上海重型机械厂的工人师傅们，然后带着我转了好几趟公交车，几乎横跨了整个上海，才赶到了这家工厂。一路辗转，让我对李丹芬老师更加敬佩，她不仅是执着，更是敬业，对我们这些草根出身的业余作者真是爱护有加，热心扶植。

李老师请来了厂里爱好文艺的工人师傅，有二十多位，我把《蚂蚁啃骨头》唱给大家听。

这首歌是基于江西铸锻厂用自制土工具生产大型挖掘机的事件创作的。因为当时国内技术落后，国外又对我们技术封锁，全国都在提倡"蚂蚁啃骨头"的技术创新运动，而其中表现最突出的就是上海重型机械厂。所以，该厂的工人们听得也很有感触，纷纷夸好。

我这才意识到，其实一首歌好不好，并不能只是从专业的角度去评价。歌曲本身就是唱给大众听的，曲调是否好听、歌词能否产生共鸣等，普通听众的感受更重要。我想起，当初的话剧《炉前激战》的成功不就是因为贴近生活吗？我心里也从一开始的不以为然，到后来完全融入了与工人师傅的讨论中。

不久，《蚂蚁啃骨头》便在《工农兵歌曲》杂志发表了。那时候，发表作品没有稿费，杂志社只是会送一两本稿纸或者几个信封，但是我非常开心，毕竟是上海大城市的音乐杂志对我的肯定。我的信心更足了，去杂志社也更勤了。李丹芬老师也非常关照我，不仅经常带我去杂志社食堂吃饭，当知道我还创作儿童歌曲后，又把我推荐给了《红小兵歌曲》杂志的编辑汪玲老师。

汪玲也毕业于上海音乐学院作曲系，在儿歌创作方面很有名气。我将自己写的《乒乓球坛开鲜花》拿给她看，她当即表示这首歌写得很不错，可以在刊物上发表。这是我公开发表的第一首儿童歌曲，极大地提高了我创作儿童歌曲的积极性。汪玲老师也非常有亲和力，她身边聚集了一大群业余作者，我便是其中之一。只要不上班，我们就会去出版社，向老师学习，讨论创作，帮助做些编务杂活儿，有时还去老师家里吃饭。

在上海的这段时间，是我音乐创作上的一大跨越。我在《工农兵歌曲》以及《红小兵歌曲》这两本杂志上发表了七八首歌，同时还学会了音乐刊物的编辑知识。当然啦，主业我也没有荒废，本来最初的计划是要在上海学习一年，但是因为我们学得又快又好，9个月就掌握了热处理技术，提前完成了培训任务。

除了学技术，我还将上海建筑机械厂师傅们发明的很多热处理工具，测绘画了图纸。后来回到江西我们新建的热处理车间，大家就是按照我在上海画的图纸，仿照制作了这一批工具。如今，铸锻厂已经被江西五十铃兼并，可热处理车间还在，听说当年的那些工具，仍然还在使用。

六年前，我是个年少心锐的学生，走遍了大半个中国；六年后，我是个沉稳持重的工人，再一次从大西北走到了大江南。这期间，时代在变，人也在变，不变的是我对于音乐的初心和坚持学习的状态。即便我深知大学已无缘，每天面对的是高温加热炉，但当我的同事们在车间闲聊，在宿舍打牌，喊我加入时，我并没有参与其中，没有心安理得地陷入眼前的舒适。

我心里很清楚，阅读、学习、创作才是我最重要的坚持。很多年后，等我再回头审视自己时发现，人生其实拼的就是坚持和心态，也正是自己的这份坚持，让我的人生最终走向了我一直期望的道路。

学习是人生的渡船，尤其是以虚心的状态学习，以空杯的心态去吸取，我们的渡船才会越坚固，才能应对人生中的那些不可测的风浪。

人生有难料，世事有无常，如何应对？很简单，修炼自己的确定性，比如坚持学习，坚持梦想。

一举成名的"种南瓜"

1973年春节过后不久,我从上海回到了南昌,一边在厂里上班,一边专注于儿童歌曲创作。

在上海培训期间,《战地新歌》第一辑刚刚出版,里面收录了10首新创作的儿童歌曲,像《我爱北京天安门》《小小螺丝帽》《火车向着韶山跑》,在全国广为流行。这让我认识到了儿童歌曲巨大的影响力。出版社的编辑老师也告诉我,儿童歌曲现在很缺乏,是音乐创作的冷门,建议我多写。

其实还有另外一个重要原因,也促使我为孩子们多创作。记得那是自己小时候,儿童音乐创作非常繁荣,孩子们有很多歌可以唱。尤其是我在银川少年之家合唱团的时候,后来的"儿歌大王"潘振声老师,当时创作了很多好听的儿歌,教会我们唱,我的童年充满着欢乐的歌声。

一次,我家附近的安源路小学宣传队请我写一首歌,我去到校园，看到孩子们渴望唱歌的眼神，更让我下定决心要创作一些优秀的儿童歌曲，让他们的童年跟我小时候一样能被歌声滋养。

选择什么题材来写呢？想起上海朱践耳老师的讲座，又给了我启发。作为一名江西的业余作者，当然应该立足脚下这片红土地，创作一首具有江西老红区特点的儿童歌曲。

可是，到底什么样的歌曲才能具有鲜明的江西地方特点呢？我苦苦思索了很长时间也没有找到感觉，心情就像我住的那间没有光的房子一样，黑沉沉的。

这间小屋的窗户对着走廊，就是白日里也很幽暗，也没有厨房。我想喝点儿热水也只能去邻居家借，但总去邻居家借也不大好，所以日常基本上都是直接喝自来水。一位同事见我的日子过得很是艰苦，便用白铁皮给我做了个煤油炉，我终于可以烧水煮饭了。他还告诉我，把煤油里加一些汽油，火能更旺。于是，我从厂里找了些汽油加到了煤油炉里。

这天我试着用它煮面，加了汽油的火确实很旺，可面条煮好后，火却怎么也灭不掉。我一下子慌了，这是一座木头楼，万一烧着了，整座楼怕是要毁掉。不敢犹豫，我端起燃烧的煤油炉子就往外跑。刚跑到楼梯，炉子就烫得我要拿不住了。我凭着最后的毅力跑出屋外面一个空旷的地方，把炉子猛地扔在地上，"嘭"的一下蹿出一团火焰，我的心也跟着"咚咚"直跳。我惊魂未定地一直盯着，直到油烧完，火焰熄灭，手上的疼痛才让我缓过神来，抬起手，才看到十个手指上都被烫起了泡。

这次意外倒也打破了我的僵局。不久后，熟悉的青年诗人孙海浪送给我一本他新出版的诗集《金色小铜号》。书中有一首诗《种南瓜》，写得很有童趣，尤其是"金色的花儿像喇叭，吹吹打打结南瓜"这一句，生动形象，绘声绘色，我非常喜欢。

读了几遍后，越发觉得它很适合谱成歌曲。为了更好地凸显地域特色，我将诗句做了一些修改，比如将原文的"小锄头，手中拿，房前屋后种南瓜"，改成"小锄头，手中拿，井冈山上种南瓜"。要说当时江西的特色，当数井冈山了，为此我对自己的创意还得意了好一会儿。再仔细琢磨的时候，我觉得山上范围还是太小，想了想又改成"小锄头，手中拿，井冈山下种南瓜"，"山下"就可以理解为整个江西地区，范围一下子扩大了。

改好了歌词，我又借鉴以前在井冈山地区收集的永新民歌《摘茶籽》的音调作为音乐素材，谱写出了整首歌。民歌风的曲调，欢快的节奏，呈现出"吹吹打打结南瓜"的活泼灵动的场面。

随后我又找到孙海浪，歌词歌名的修改获得了他的认可。于是，这首歌便基本完成了。我自己对它非常满意，但我还是将这首歌拿给了一些老师朋友，请他们提意见，希望能改得更好，没想到得到了大家一致的肯定，也让我的信心更强了。

当邮政路小学的熊老师请我为他们学校写歌时，我便将这首歌给了他。

那天，我去邮政路小学教宣传队的孩子们唱这首歌，教着教着，发现教室窗外也趴了一群孩子，在羡慕地观看。教歌结束后，不仅宣传队的孩子们会唱了，趴在窗外面的孩子们也学会唱了。熊老师说，这首歌深受学校孩子们的欢迎。我看着孩子们唱得那么开心，也跟着一起开心，越发觉得写儿歌是一件非常有意义的事情。

不久后，南昌市组织全市红小兵文艺汇演，邮政路小学将这首歌送去参演。最初，我们估计这个节目即使不获一等奖，二等奖也是跑不掉的。然而，等评奖结果公布出来了，这首歌居然名落孙山，什么奖项都没有获得。后来听说，有位权威评委认为这首歌曲写法有问题，曲调太成人化了，不是标准的儿童歌曲，因为旋律太有民族特点了，完全不是他们印象中简单的儿童歌曲调调儿。

我一听，就知道这位评委的观念有些陈腐落后。我们国家最早小学堂里孩子们唱的是学堂乐歌，那是清朝末年去国外的留学生将日本及西方音调带回来，重新填词而成的，导致中国早期的儿歌创作主要是模仿西方分解和弦式的音调，却很少有中国民族调式的作品。而当时我所处的70年代初，这首充满江西特色的《井冈山下种南瓜》，作为儿歌领域的一首创新之作，在这些评委眼里觉得不合常规，就毫不奇怪了。

虽然这首歌在南昌的评委没有瞧上，在其他更权威的人士那里，却都得到了认可。江西省文化工作室的孙老师，非常欣赏我这首歌，说这首歌开辟了儿童音乐创作的新风格，是一首不可多得的佳作，还将它发表在了省级音乐杂志《新歌选》上。后来，我将这首歌投稿寄给了上海的汪玲老师，还有北京人民文学出版社的《少年儿童歌曲选》的编辑于树桦老师，他们都对我非常肯定，说用民族曲调写儿歌是一种创新，夸它有新意。后来，《红小兵歌曲》和《少年儿童歌曲选》都刊发了这首歌。

当年，杭州红小兵宣传队因为拍过电影，在全国非常有名。该队的几名指导老师去井冈山参观学习，路过南昌，有关部门组织了一些学校的文艺老师和他们联欢座谈，表演介绍各自的节目。杭州红小兵宣传队水平很高，当时柬埔寨国王西哈努克亲王来华访问时，就是他们表演节目接待的。他们对邮政路小学演唱的《井冈山下种南瓜》给予了高度评价。

因为那些评委的否定和打击，当时我消沉了好长时间，但这些来自外省市的肯定让我深受鼓舞，比赛落选的阴霾也一扫而光。

更让我惊喜的是，孙老师向江西省《战地新歌》征集小组推荐了这首歌。征集组的负责人叫林向义，作曲家贺大行是征集组主要成员，他们看过这首歌，都认为是一首具有江西特色的优秀儿童歌曲，极力推崇。虽然得到了这么多人的好评，但我知道《战地新歌》每年只推出一辑，其中一大半都是成人歌曲，儿童歌曲所占比例极少，加上上次的评委事件，我真的是不敢抱什么希望。

所以，后来当我得知这首歌在《战地新歌》第三辑发表了，且署了我的大名时，高兴得真想大声喊叫，骑自行车时兴奋地放开了双手，伸开双臂做翅膀状，双腿蹬得飞快，感觉自己就要起飞翱翔了。

好多年以后，省征歌办的林向义同我聊起往事时，他说："你那首歌好悬啊，差一点儿就被刷掉了。"

我急忙询问缘由，原来，不是歌的问题，是我的家庭出身问题，政审的时候发现我爷爷是地主成分。国务院征歌办的一位部队作曲家韧敏，说不要因为祖父的问题，把一首好作品给毁了。

我听后很是感慨，作曲家韧敏我都不认识，但他慧眼识珠，无私地帮我争取发表。这份豁达和高尚让我每每想起都感动不已。多年以后，趁着有一次赴京的机会，我专程找到韧敏的家里，登门向他致谢。

《战地新歌》后来总共出版了五辑，所有的儿童歌曲加起来，不超过一百首，至今仍然在传唱的寥寥可数，如电影《闪闪的红星》中的《红星歌》《我爱北京天安门》，以及我的《井冈山下种南瓜》。在第三辑中，最受欢迎的儿童歌曲，就是我这首了。中央广播少年合唱团将这首歌演唱录音，出了唱片，在中央人民广播电台与全国各省市电台反复播放，一夜之间，传遍了全国各地。

《战地新歌》第三辑出版后下半年，省里举办了一次工农兵文艺会演，请我当评委。我到现场看着看着，真是又惊又喜，《井冈山下种南瓜》反复在舞台上出现，来自全省各地市的文艺演出队，采用了合唱、表演唱、舞蹈、女声小组唱、木琴独奏、唢呐独奏、笛子独奏、民乐小合奏等许多不同形式，演出这首歌，都快要变成《井冈山下种南瓜》的专场晚会了。直到今天，这首歌在江西仍然是家喻户晓。

正因如此，1976年春天我被调进江西省文化工作室，成了一名专业音乐工作者，跻身知名作曲家的队伍。

这首歌对我意义非凡，它不仅开启了我人生的新篇章，还为我带来了生命中最重要的人。

来工厂前一夜，我还在感叹自己时运不济，感叹人在命运洪流面前的渺小，悲恸坎坷不知何时就会打得人措手不及，所有的痛苦也只能自己一人来扛。

霉运也许难逃，但好运却可创造。只要困顿时，仍怀有希望；迷惘时，能坚持梦想，我们就可以成为自己的救世主，做自己的英雄。

也许道路险阻，步伐无法迈大，但只要我们是朝着自己想去的方向走，总会看到进步；而当我们翻过高山，踏过低谷，总能遇到成功。

你看，我就是花了十年时间，才将命运拨弄的人生扳回我想大步行走的那条路上。

第四章 一生只爱一个人

也到了被催婚的时候

现在说起年轻人的压力,我想"催婚"肯定是名列前茅的。这种压力也是每个不同时代每个年轻人都会遇到的,所以,当我二十五六岁的时候也开始被"催婚"了。不过,遗憾的是,没有父母为我的婚姻大事操心念叨,只有交好的同事和朋友们为我着急,当然啦,最着急的还是我自己。

现在的年轻人倡导自我,讲究单身精彩,思想的开放是我们那个年代望尘莫及的,我们那时"男大当婚,女大当嫁"的观念还根深蒂固。但我们也有进步的地方,那就是老一辈的"父母之命,媒妁之言"的包办婚姻已经被破除,我们作为当时的新生代,追求的是自由恋爱。只不过我们谈恋爱的目的更加直接,就是奔着结婚成家去的。

但恋爱也不是想谈就能谈,工厂的三年学徒期就明文禁止谈恋爱。所以,学徒期一满,25 岁的我也开始焦虑个人问题。是的,就是"焦虑"二字,因为我对自己的认知很清晰,我的个人条件实在谈不上有什么优越。

首先说外貌，我就很减分。虽说25岁是青年最昂扬的时光，但用现在年轻人的话说就是，当时的我"长得有些着急了"，平时又不修边幅，老是穿着沾满油污的工作服，看起来就像是三十来岁的老师傅。加上那几年父母相继离去，精神上的打击，让我看着更加苍老憔悴。

再说穿着打扮，那时候也不像现在，穿衣服讲究时尚潮流，我们讲究的是向工农兵看齐。当时物资匮乏，衣服基本上都是补丁摞补丁，"新三年，旧三年，缝缝补补又三年"，就是当年最真切的写照。而且，在那个特殊的年代，人们固化的看法是：无产阶级就要有无产阶级的样子，谁穿得破，谁的思想觉悟就高，大家都以脏、破为荣。

有一次我们车间失火，熊熊烈火直蹿十多米高的天花板，更危急的是车间里有一个特别大的油槽，装满了用于淬火的机油。当时油槽里面的油已经烧着了，我一心只想着赶紧救火，拿着灭火器爬上了屋顶，没有想到屋顶上有些地方也已经烧着了，完全没有发觉屋顶随时可能会烧垮掉，万一不小心，我就有可能掉到屋顶下面的油槽里，变成"炸油条"了。

事后，我挺惊讶于自己当时的勇敢。现在想来，也许是危急关头，更能激发人挺身而出的勇气。

火被扑灭后，我浑身都是灭火器喷出来的白色泡沫，也没有洗，从屋顶下来继续干活儿。下班后，我仍旧一身脏兮兮地骑着自行车，往安源路那间小屋的方向骑行。见我身上沾满了白色泡沫，一路上的人都纷纷望着我，我却自豪极了，觉得这一身的污渍，就像功勋章一样神气。

除了外表没有竞争力，还有重要的一点：我没有钱，是典型的现在说的"没房没车没存款的'三无青年'"。学徒工时，一个月工资是 16 块钱，学徒工结束，涨到月薪 31 块。当时物价便宜，这点儿工资只管自己吃喝还可以，若想养家糊口就显得寒碜贫乏了，更别说给女朋友买点儿什么礼物了。

所以，我当时可谓是囊空如洗，一身清贫。另外，我除了音乐也没有其他爱好，关注点都在读书和创作上，平时车间宿舍打牌之类的活动我都不感兴趣。所以在很多人眼里，我是个沉默寡言有点儿木讷的人，在女孩子眼里，我的性格一点儿也不讨喜。

若我就是这般模样，放在哪个时代怕都是没有女孩子能青睐的。好在我一直在宣传队当编导，在音乐创作方面也算是小有成绩，算是个文艺青年吧，这也是我最自信的底气了。也因此，虽然我外在条件看着不大好，但也还是有女孩子欣赏我的，也算是"外在不够，才华来补"了。

此后很多年，我常想，我的音乐之路走得实在太坎坷，每次好像要见到希望，等来的却是当头一棒，但人生很多重要的节点上，也都是音乐给我带了新际遇。就像在寻找人生另一半的重大问题上，音乐给了我这个"三无青年"最大的资本。

所以，我也想鼓励你：坚持你的热爱，它终将成为你的好运气。

我对自己在情场上的位置有清晰的认知，对心中所求也有明确的目标。虽然彼时我是个车间工人，但是骨子里我有着文人的浪漫，我要找的不是搭伙过日子的人，而是一位能与我的灵魂同频共振，携手共赴人生的人。吃穿可以将就，但婚姻一定不能。所以，虽然朋友们给我介绍的女孩子里，有几个对我也都很有好感，但是只要我发觉与对方共同语言很少，性格爱好相差太大时，我都会适时地拒绝对方。

宣传队的小许给我介绍了一个通用机械厂的女孩儿，交往之后，发现她人很朴实，对我也有好感。见了几次面之后，就约我去她家见父母。她家在南昌市郊区的农村，标准的贫农家庭，父母都是老实巴交的农民。

在她家吃完饭,也不好马上就走。坐在那里,有些尴尬,我不知道该同她爸妈聊什么话题。我想,今后如果真结了婚,生活在一起,没有共同语言,日子该怎么过呢?

当然,我们那个时代,人们都还是很含蓄的,尤其是我,脸皮也薄,更不好意思直接拒绝。但我也有个"必杀技",只需告诉对方,说我爷爷是地主成分,基本上对方就不会再理睬我了。

我们厂隔壁是化工石油机械厂,宣传队有一个歌唱得很好的年轻女工,人也长得漂亮。因为常常有机会帮他们排节目,我们很熟络,私下聊天也非常投机。那时候大家都是穿工作服或者绿军装,但她穿衣服却比别人别致。我忍不住夸她:"你鹅黄色的衬衣领子好别致啊!"

她说:"没啥特别的,就是加了个假领。上海人都这么穿,只是还没有流行到咱们江西罢了。"接着她又说道,"听说上海流行一种拉链衫,灯芯绒布料的,男生穿着非常精神。"

我说:"我知道有这种衣服,也想有一件,只是南昌市面上根本买不到那种面料。"

她轻描淡写地说道:"庐山的友谊商店里有,你如果想要,下次回家的时候,我帮你买。"

我听了很是高兴。不久,厂里发了9块钱烤火费,我立即托她帮忙买布料。她也如约买回来了,我拿到布料便到裁缝店做了件夹克衫。这是我当时最好看的衣服了,因为太时髦,我还是不大敢在厂里穿,只是星期天回市区偶尔穿一下。

后来我得知,她父亲是九江庐山市的市委书记,她是妥妥的高干子女,也就明白了她为什么知道上海流行的衣服款式,南昌买不到的布料她能轻松买到,想来很可能也是通过她父亲的关系开了后门。

那个时代,人们都十分保守含蓄,没有"我喜欢你""我爱你"之类露骨的表白,更不可能有丝毫亲昵的行为。是否在谈恋爱就看三点:一是单独在一起聊天,二是看电影,三是轧马路。有了这三项,恋爱基本就是锤定的事实了。轧马路甚至成了恋爱的代名词,如果想问人家恋爱没有,只需问,"你和某某某是不是轧马路去了?"

我和这个女孩儿常常在一起聊天,已经有了第一步,我也基本能确定她的心意。此时,我如果有意的话,就应该请她看电影,然后约会轧马路。可是,我纠结了很久还是按下了自己欲欲萌动的心思。她的高干家庭着实让我有点儿生畏，虽然我们有很多共同话题，也相互欣赏，但我知道，她和我是两个世界的人。她那些常常不经意间流露出的优越感，总让我感到某种压力，而随着我们越来越熟悉，这种压力也越来越大。

我知道，若我能和她在一起，往后的道路也许会获得更多助力。但我更知道，人生不是要选择更好走的路，而是要选择更正确更持久的路。恋爱时，一时的激情会掩盖掉很多矛盾，但婚姻是由日常生活的点点滴滴组成的，我们成长环境的巨大差异，都将是矛盾的爆发点，到时候，光靠心中那一点儿对才情的欣赏是无法支持我们长远地走下去的。

想通这些之后，我便开始与她保持距离，我们也不在一个厂，想减少联络倒也容易。

恰在此时，我感觉到厂宣传队唱歌的小胡对我有点儿热情得过头了。她是宣传队最漂亮的女生，按现在的说法，称得上是江西铸锻厂的一朵"厂花"。当初，军代表针对我开批判会的时候，她就特别大胆，出头替我抱屈解围。没想到现在她会对我变得如此主动。

得知我父亲病重，她跟我说，她姐姐认识一位老中医，曾经治好过父亲这种病，并提议带我进城去找那位医生。说走就走，下班后，她催促我一起骑着自行车从厂里出发，到城里骑了半个多小时，然后就在市区的小巷子里钻。那位医生是在家替人看病，具体位置她只是知道个大概，我们钻了很多条小巷子，全都不对。最后，她只好领着我去她家问她姐姐。

她姐姐见到我们，就厉声斥责她："你骑钢圈呀，怕自行车坏不了是吧？"

我立即看向她的自行车，发现后胎是瘪的，一点儿气都没有。那个年月，自行车是极其贵重的物品，一辆凤凰牌的二八杠自行车需要150块钱，基本上就是三四个月的工资了。所以，许多人下班后第一件事，就是擦洗自行车，比养孩子还精心。车胎没气，骑着就费劲，一般人肯定会停下来检查修理。不知道是她没有发觉，还是发觉了不吭声，领着我满大街小巷骑了好几个小时。

尽管她姐姐大骂了她一顿，她还是硬着头皮帮我问医生地址，可惜的是他姐姐也不知道具体在哪里。无奈之余，我只好陪着她去补胎，结果发现那条车胎竟破了十几个洞，已经没有修补的可能了。如果说以前我还只是隐隐约约觉得她对我好，这一次，她的心意我已经完全明白了，心里对她充满了感激。

父亲去世后，她对我更加照顾，见我憔悴消瘦，特意让她母亲熬了些猪油，用水果罐头瓶子装着送给我，让我每次吃饭的时候，舀一勺拌在饭里。猪油在当时可是稀罕物，她母亲是煤店的工人。那时煤炭供应紧张，煤店工人也因此算是手中有特权的人，且煤店、粮店、菜场等又是同一个系统，相互间都认识，她母亲就总能够买到最便宜最好的肉菜等，她也因此常常拿来关照我。

小胡人长得漂亮，在厂里很吃得开。每次厂里包场看电影，她总能弄到两张在一起的电影票。但我心里有鬼，怕被厂里人发现，不敢在电影开场前进去，总是等开映过了几分钟后，才趁黑悄悄地进去。后来，只要是星期天，有什么我们没看过的影片，她都买两张票，将其中一张悄悄地塞给我，我们地下工作者一般，偷偷地联络，一同去看电影。

后来我有了安源路的小屋，自己一个人住。每逢星期天，她就到我家来，借口是那个时代最惯用的说辞：借书。她拿了书，也不走，坐在那里和我聊天，我们常常一聊就是好几个小时。有一次，我们谈到了马克思，她说她想做燕妮·马克思。我明白她的潜台词，她把我比喻成马克思，她要像燕妮对待马克思一样对待我。我虽没有接她的话，但心里也是美滋滋的。

后来有一次周末她又来我家的时候，被厂宣传队的一位同事碰见了，随即厂里便传开了，都说我们在谈朋友。我们也没有出面澄清，等于是默认了这一事实。那时我才知道，她也喜欢我。

于是不久后，她便正式邀请我去她家。第一次去她家，气氛并不友好，她母亲的态度模棱两可，她的姐姐很是冷淡，对我基本不愿搭理，显然不赞成这件事。

后来我才知道，她姐姐觉得我只是一个普通工人，刚刚才转正，工资只有30元，又没有父母可以依靠，觉得妹子如果跟了我，会一辈子吃苦。

她家人的态度很是打击我，我的情绪受了影响，对她也没有以前那么热情了。她姐姐抓住我这种态度的转折，在她面前做了大量工作，她的思想也开始受到影响，我们就这么淡了。她姐姐趁机给她介绍了一个对象，是在济南军区部队的一名排长，也是南昌人。

当年女孩子找对象，排长是最热门的人选。排长以下是士兵而不是军官，排长以上，年纪往往太大了，大多已经结婚成家。排长既是干部，又拿军人工资，不仅工资高，还有很多特殊待遇。

小胡找到我，告诉我排长的事，也许是想激将我一下。但心里的那种知识分子的清高让我觉得，"如果你对我是真心的，就不应该答应去见这个面。你既然同意见面，说明你的心已经动摇，我又何必去凑这个热闹？"因此，对她的热度更进一步减弱，现在想想，也有些难过，不过，这不就是青春吗？只要不后悔，就好。

经过几个月的痛苦挣扎，最终她告诉我，决定选择那个排长。她说："当我拿不定主意的时候，你应该给我力量。可是，你不仅不支持我，反而把我往他那边推。我实在不知道你心里是怎么想的。而他那边又非常主动热情，家里又给我那么多的压力……"

我心里也堵得慌，佯装冷静地说："我明白了，只能祝福你吧。"

1972年初，这段可以称为初恋的感情，结束了。后来我到上海培训期间，她和那个排长结了婚。

都说爱情靠得是缘分，确实，爱情就是这样奇妙飘忽的事情。有缘千里来相会，无缘对面不相逢。有了相识的缘，还得有相守的缘，只有情投意合，门当户对，爱情方得圆满。

我之所以放弃了这三位，就是担心以下的不合适：因为，当你想要和一个自己心爱的人结婚，就意味着要和心爱的人的性格和习惯结婚；还意味着要和你心爱的人整个家族及社会背景结婚。

我们都期待能拥有一段完美的爱情，但人生不易，遇到合适的人更加不易。也许相爱多年的人，慢慢地分道扬镳了；也许寻寻觅觅难得爱人踪迹,蓦然回首,那人却在灯火阑珊处……爱情就是这样,有惊喜,也有无奈。

时过境迁,我回首往事,对生命中出现过的人都心怀感激。世事练达,也让我懂得感情一事,旨在"随缘"。缘来,懂珍惜,不怠慢;缘尽,不强求,莫灰心。因为,所有的不顺,也许就是缘分来得晚了一些。比如,属于我的缘分。

与君初识，心便欢喜

在上海培训期间，我发现上海的工人师傅们与江西脏兮兮的工人们完全不同。他们上下班都会换衣服，上班时工作服再脏，下班后，也会换上干净整洁的衣服，穿着锃亮的皮鞋，头发梳的整整齐齐，还有的吹着时髦的"飞机头"。这让我大开眼界，工人并不意味着脏乱差。我也开始意识到，即便清贫劳苦，也可以让自己生活得更体面。

因此，从上海培训回来后，我开始注重仪表。以前都是穿布鞋、黄胶鞋，这次在上海我也花8块钱重金买了人生中第一双皮鞋。下班后不再穿工作服，我把哥哥给我的黄军装拿到洗染店，染成藏青色，里面衬上父亲留下的中山装，垫肩把外衣托得十分有型。我就是想让自己看起来更加精神。身边的同事、同学都相继结婚，我也要为自己的终身大事做准备。

有一天，一位初中姓胡的同学结婚，邀请我参加婚礼。在婚礼现场，他对着新娘子将我的作曲才能一番吹嘘，见激起新娘子的崇拜之情后，他趁机说，"吴颂今还没有女朋友呢，你不是有很多同学在南昌吗？帮他介绍一个呀！"

我以为就是一句客套话，不成想他妻子当即说道："我有两个中学女同学，都在安源路小学当老师，可以给你介绍。"接着她将两个同学的情况介绍了一番，其中一位名叫张竹华，她的名字让我觉得很亲切，又有缘。我自觉有些文人气，对竹子本就很偏爱。再者我的两个嫂子，大嫂名叫谢晓松，二嫂名叫龚柳英，三人的名字凑在一起，虽然不是松竹梅，却是松竹柳，很有关联性，似乎她就是我们吴家的媳妇一般。再者，听说她父亲在九江邮政局财务科退休，和我父亲应该是同属一个部门，又都是会计师。我顿时觉得，这么般配，应该就是冥冥中的缘分吧。

胡同学夫妇也看出我对张竹华有兴趣，便说："等过段时间，我把她约来，你们见见。"

几天后，他们让我去家里吃晚饭。刚到没多久，张竹华来了，我一看，可以说除了个子稍矮点儿之外，各方面我都非常满意。我想，这就是眼缘吧。

当时，她给我的感觉非常文静。我们一晚上说说笑笑，她一直都是很矜持的样子，在那里静静地听着，几乎不怎么说话。结束后，她告辞要走，胡同学的新婚妻子说："吴颂今，你也住在安源路，看能不能送送她？"我听她这么说，意思就非常明显了。

我送张竹华回学校，两人并排骑着自行车。毕竟是不太熟，我有点儿害羞，一路忐忑，几乎没怎么讲话。第二天上午，同学就打电话问我感觉如何，我淡淡地说，"还不错。"其实我很想问问张竹华对我的态度如何，可是又不好意思开口。

十分凑巧的是，当天我接到省文化组的电话，说是他们准备向《战地新歌》推荐我的《井冈山下种南瓜》。推荐之前，要先录制好录音带报送到北京。有关演唱录音的事，他们已经选定让安源路小学负责。然后给我开了一封介绍信，让我直接去找安源路小学联系。

我不信命，但拿到介绍信的时候，还是感觉这是某种命运的安排。昨晚才见过张竹华，今天一纸公文便将我送到了她工作的学校。而且，为了排练这首歌，今后我还需要经常出入这所学校，就能有更多机会见到她了。

我高兴地赶到安源路小学，将介绍信给门卫师傅看了一下，他说这件事要找红小兵大队部联系，并且指着二楼的一扇门说："大队部在那里，你直接上去吧。"

我来到二楼，看到一扇门上挂着红小兵大队部的牌子，敲了敲门，里面应了一声"进来"。我推门进去，一眼看见张竹华就坐在那里。

张竹华看到我，愣了一下，脸迅即沉了下来。我明白她的意思，可能她觉得，昨晚才见面，她还没有表态呢，怎么今天我就急吼吼找上门来了，也太唐突了吧。

我知道她误会了，立即拿出介绍信，解释一番。她看到介绍信，脸色也缓和下来。胡同学之前介绍，只说她是安源路小学的语文老师，没想到她居然还是红小兵大队部的辅导员，我心里更加高兴了。

当时，安源路小学的红小兵宣传队是南昌市最棒的，唱歌跳舞都大有人才。她表示，既然是省文化组的任务，她们一定会全力配合，"到底应该怎么办，你说个方案。"我便说了我的计划和需求。

整个过程都是在谈公事，如果说夹带私事的话，便是我特意向她介绍了《战地新歌》在全国的影响和分量，以彰显自己的作品能够被选上是多么不容易，对我个人以及整个江西省是何等重要的一件事，也算是暗地里夸了自己一下吧。除此之外，直到商讨结束，与工作无关的话，我半句都没提。我怕一句话说得不对，会给她留下不好的印象。

此后一段时间，我每天下午都去安源路小学教孩子们唱歌。张竹华在一旁看着我们，偶尔出面帮我维持一下纪律，我们之间配合十分默契，但除了工作也再无其他交流。她的同学反复问她，对我感觉怎么样，她几乎没有回答，但也没有否定，我想算是默认了吧。

有位林老师家住在安源路小学里面，和张竹华的关系很好，就像她的大姐一样。我因为经常在这间学校出现，和林老师也见过面，只是不十分熟悉。有一天，张竹华说，林老师约我去她家玩玩儿。我不明白林老师是什么意思，便问张竹华。

她说："既然她请你，你就去嘛。"

我明白了，林老师大概是知道我和她的事情了。我知道林老师有两个孩子，便买了一盒漂亮的糖果带过去。我到时，张竹华已经在那里了。林老师做饭，张竹华要去帮忙。林老师说，"不用你帮，你就和吴颂今说说话吧。"我猜想，林老师也有意想撮合我俩。

如此，我和张竹华之间的那层纸虽然没有捅破，交往实际也算是开始了。在那大半年里，只要我有空儿，便往安源路小学跑，连门房师傅都熟悉我了，都不再盘问就直接让我进校园了。

现在回想起来也是好笑，虽然我跑得勤，但我们却从未单独相处过，总是有第三者在场。我实在是太不好意思，心里无数次想约她出来看电影，就是不敢开口，担心把事情搞糟。也因此，我们的关系始终没有太大的突破，基本还保持在地下阶段。

直到1974年初，《井冈山下种南瓜》确定被《战地新歌》选上了，得知这个消息，我欣喜得发狂，我想告诉的第一个人就是张竹华。我赶到安源路小学告诉她，说："我太高兴了，这是我人生最大的喜事。"她听说之后也非常激动，但那时的人都含蓄，虽只是说了句"太好了"，但她眼中真诚的欢喜让我心里暖暖的。

随着《井冈山下种南瓜》在《战地新歌》出版发行，广播电台天天播放，我一下子成了名人，给我介绍对象的人开始多起来了，还有的人主动找上门来。虽然我和张竹华之间一直都平淡如水，但就是这种平淡让我内心安定，也让我坚信，她就是我的命定之人。

这年夏天，南昌市总工会在庐山举办文艺创作学习班，作为南昌市文艺领域的新星，我自然被选在参加学习之列。我在山上住了差不多一个月，期间我也给张竹华写信，遗憾这么久不能见面。

然而，人若有缘，天亦相助。不久，就接到她的回信，说即将带孩子们上庐山。因为省里在庐山上搞活动，安源路小学的宣传队被选派上山，来为这次活动演出。

我真是高兴，想着两人都在山上，应该很容易见面。然而实际情况却是，她和几个老师带着宣传队的孩子们上了庐山，白天要排练，晚上要演出，而且山上地形又特殊，怕孩子出去有危险，老师都必须紧盯着孩子们。想见她，更难了。

有一天晚上，我去她们住处找她，鼓起勇气给她说，希望和她一起出去走走。她很犹豫，最后还是说，"你等一下，我去找老师们商量一下。"

同来的几位老师听说她要和我出去约会，都竭力撮合，"去吧去吧，你放心，这里有我们，不会有事的。"

如此，我们终于开始了第一次真正意义上的约会。我们在月照松林景区的一块岩石上坐下聊天，她谈她的工作，我讲我的创作，没有私情蜜语，都是些日常琐事，但我们都聊得兴致勃勃，不知不觉就聊了两个小时。

夜幕笼罩下的庐山，神秘而安宁。我们坐着的大石头旁边，开满了飘香的山花，一轮弯弯的月亮悬在上空，柔柔的清辉洒在张竹华的发辫上，她的身影看起来格外温柔。我想，所谓的花前月下也就是如此吧。我忍不住偷偷地往她身边挪了挪，山风吹来，她发丝的清香飘进了我的鼻子里，又慢慢悠悠地沁入到我的心里。

几年后，上映了一部轰动全国的爱情电影《庐山恋》，人们都沉醉感动于剧中浪漫的爱情。我看的时候就想，我和妻子其实也是"庐山恋"，因为自庐山那次约会之后，我们的情感明显地靠近，开始真的像情侣了。以后，我再去她的学校，常常会选择晚上。她住的是集体宿舍，每次我去找她，都是同我走进一间教室，我们坐在课桌旁，东拉西扯地聊天。后来回想起来，觉得自己当时真是笨，竟然从没想到主动约她看电影之类的，但又一想，也是因为和她漫天漫地聊天是真的开心，所以未曾想过去干别的事情。

有一天，她对我说："我妈过几天要到南昌来看我。"我一听，立即意识到，这是丈母娘相女婿来了，一定要好好表现才成。

我说："你妈妈来了，我应该请她吃餐饭，不知道妈妈喜欢吃什么？"

她说："喜欢吃稀饭。"

我心中一喜。在做饭方面，我是继承了父亲的弱点，虽然能把饭做熟，也只是会煮面下饺子的水平。煮稀饭吗，还算凑合。只是，稀饭配什么菜，难倒了我。

我去请教同事小雷夫妻，他们听说我要招待未来的岳母娘，便拼命给我出主意，既要让我不显得失礼，又要让未来岳母觉得我会过日子。他们说，吃稀饭，菜就不能做得太丰富了，可以考虑弄一小盘榨菜，一碟花生米，光稀饭还不行，还要准备点儿馒头花卷。

馒头花卷以及榨菜从市场上可以买到，花生米却是一大难题。那时，只有过年时，每一户才能配给半斤带壳花生。后来，我托了一位家住农村的同学，好不容易才弄到半斤花生米。然而，比买花生米更难的是油炸花生米。我是大姑娘上轿头一回，好不容易才弄到手的花生米，刚下入油锅一会儿，就差点儿被我炸煳了。

除了倒腾花生米，我还抓紧时间收拾了一下房子。当时我已经从地板漏缝的小黑屋搬出来了。那里的邻居是一对老夫妇，孩子住得比较远，照顾不方便，他们找到我，希望能跟我换房子。让我开心的是，那间房子虽然远一点儿，但是面积大了一倍，有20平方米，虽然也是木结构，但质量要好太多了。我找了朋友帮忙将房子用木板隔开，前半间成了起居室，后半间当卧室，整体看上去，也是像模像样了。

岳母到南昌那天，下着大雨，我和张竹华一起去火车站接她。她带着小孙子一起来的，我请老人家去我那里住，可她坚持要和女儿住在一起，结果祖孙三人挤在学校宿舍的单人床上。

第二天，她们来我家吃饭。稀饭加上被我差点儿炒煳的花生米。显然，吃饭只是过场，她是想借机到我的住地考察一番。整个过程，老人家话不多，态度很祥和、很沉静的样子。她们母女在这方面很相似，以至于从她的表情语气中，我完全看不出她对我的态度。

老人家走后，我问张竹华她妈妈的态度，她也没有个明确的说法，这让我心里很是忐忑。直到几个月后，学校要放寒假了，她忽然问我："春节时有没有什么安排？"

我说："没有。"

她说："那你到我家去过年好了。"接着又补充了一句，"我妈叫你到我家过年。"

我一听，顿时心花怒放，这说明她妈妈已经认可我了。

第一次上门，自然是要带礼物的。当时生活水平低，物资供应紧张，越紧俏的东西当礼物就越贵重。我和南昌服务大楼的人比较熟，就托关系买了一条大前门香烟和一些糖果。当时香烟是凭票供应的，一个成年男子一个月只有两盒烟，都是南昌出的杂牌烟，只有在过年的时候，才可能供应好一点儿的烟。大前门是当时最好的烟，一般人别说买，见都见不到。我一次就买了一条，在当时也算是一份很重的礼了。

张竹华一大家子人住在九江老城区一幢自己的私房里，这是一幢两层楼，木板结构，楼上楼下都是两室一厅。家里有爸妈、哥哥嫂子与小孩儿，还有一个姐姐、一个妹妹，她排行老三。父亲是九江本地人，在邮局作了一辈子会计师。聊起来，居然还认得我父亲。妈妈是苏州人，烧得一手好菜。一家人和和睦睦，对我非常好，让我度过了一个温暖舒心的新年。

1975年春节过后,我们的事就算是定下来了。

其实,爱情真的是要讲究"门当户对"的,只不过不是从物质上评判,而是精神上的匹配度,是智慧素养和性情人品上的"门当户对"。当两个人能在精神上匹配,都能在这段关系中做轻松的自己,从内心深处彼此欣赏、彼此尊重,如此才能在面临生活中的风风雨雨时,有足够的心力应对,才不会让婚姻被生活裹挟成泥潭。

泰山极顶最震撼的日出

回到南昌后,我们开始商量结婚的事。竹华提了两点:一是应该准备一套家具,这是未来的家必须有的。二是,她不喜欢南昌时兴的大操大办,我们在南昌没多少亲戚,没有必要大张旗鼓。我一听,觉得正合我意,便说,"我们不如去旅行一趟,先去九江看你爸妈,然后去北京看我大哥。"

她欣然同意,说:"这样最好。"

于是,我便开始计划,买木材打家具。当时南昌没有家具店,置办家具都要自己请木工师傅打制。我托老同学买了些木料,自己画图纸,设计了一张双人床、一个五斗柜、一个书柜、一个单门立柜、一个装饰柜,上下两层,上面可以放书,下面可以摆些装饰品,还有一个床头柜、一张方桌和四只小凳子。

在上海的时候,我逛过家具商店,那里的家具都贴有商标。我于是给这套家具也设计了一个商标,菱形的,画上几根竹子、几片竹叶,竹子下面用汉语拼音写上 XINGFU。我将草图给了龚凯寿,他又帮我优化了一下，然后复制了七八份，贴在每件家具上面。最后再刷一层清漆，自制的"幸福牌"，看上去就像正规的商标一样。

家具制作好之后，我开始考虑另一件事，换房子。我现在的房子虽然有20平方米，可那是木板房，不隔音。而且基于之前煤油炉自燃事件后，我对木板房的安全性一直很担忧。我在上海看到过有人在闹市街道贴广告换房子，我也照样起草了一个广告，贴在了南昌最热闹的洗马池街边，广告上醒目地写上"大换小"！愿意将现有的20平方米大房子，换一间面积小一点儿的房子，但必须是砖木混合结构。

房子在那时也是最紧俏的，不知有多少家庭都是几代人挤在十几平方米的房子里。只要能够扩大面积，什么结构、隔音等都不在考虑之列。于是没过几天，我就顺利地换到了东书院街一幢筒子楼里三楼的一间小屋。房间的地面是水泥的，有厕所，还有一个两家共用的厨房，更好的是，这间房子窗户朝南，采光很好。所以，虽然只有12平方米，但我很满意。"换房子"也是算是那个时代最具特色的事情了，现在租房买房都有很多服务周到的中介机构来帮忙，我们那时候只能靠自己花心思找，靠运气碰。

换好房子后，我将屋里重新粉刷了一番，请搞书画的朋友画了几幅画，我还题了一首诗《咏竹》，赠给妻子：

"青青岭上竹，飒飒迎风舞。凌云本虚心，默默深思慕。"

请人装裱之后，挂在墙上。最后将家具搬回来后，我们这个小家看起来也很是温馨雅致。

同事们后来到我们家玩儿，都赞不绝口，尤其是这套家具，上面商标分外别致，很多人从来都没有见过。

生活，若想将就，怎么都能过，但若想讲究，也并不需要你有多少钱，而在于你愿意花多少心思。这跟现在年轻人说的生活要有"仪式感"一样，做个讲究的人，平凡的日子也能生出花来。

房子收拾妥帖后，一直等到7月31日，妻子总算是放假了。当晚，她把自己简单的行李搬到了新家，我们的新婚生活就算开始了。

当时结婚流行要有"三转一响"，即自行车、缝纫机、手表和收音机这"四大件"。我们虽不准备操办婚礼，但"四大件"还是不能免了。自行车以前就已经有了，虽然旧点儿，但也没必要换新。手表我们各自也都有，我便提议彼此交换，这是向我大哥学的。大哥大嫂订亲的时候，交换了手表，当时我觉得好浪漫，所以学了这招儿。我们只需添置两大件，托人费周折买回了华南牌缝纫机和红灯牌收音机。

8月12日，我们收拾了简单的行李，乘车前往九江，开始了我们的结婚旅行。岳父母十分开明，对于社会上结婚的大操大办风同样看不惯，非常支持我们。到了九江之后，我们只是和妻子九江的几位亲戚一起吃了简单的家宴。第三天便乘船顺长江而下，计划经南京去天津看望妻子的叔叔。

前往天津的火车途经泰安站时，广播开始介绍泰山。我愣了一下，难道泰山就在这附近？中学时读过杨朔的散文《泰山极顶》，还有李健吾的散文《雨中登泰山》，印象极其深刻，对泰山充满了向往。我问列车员，泰安离泰山有多远？列车员说，很近，从泰安下车，再走十几里路就能到泰山脚下。

竟然已临近泰山，当年熟读的文字在脑中愈加清晰，我对妻子说："不如现在下车，去看看泰山，明天再走。"

妻子对泰山也是神往已久，当即表示同意。我们匆忙收拾行李下车。列车员所说不错，从泰安县城到泰山山脚确实不远，车子也很顺，但汽车仅仅只是开到山脚，余下的路程，全都需要自己走上去。当时的泰山，旅游路线几乎处于未开发状态，游人非常之少，与现在的热闹相比，说荒凉都不为过。

在泰安下车时是下午两点。赶到泰山脚下，开始爬山时，已经快到下午四点了。上山之后,我俩按照标示牌一路往上走,几乎见不到其他人。我们是临时起意,事先对泰山的情况也知之甚少,如果熟悉泰山的情况,我们或许就不会贸然登山了。现在想起来,真的是无知者无畏。

我们往山上爬了好几个小时,直到天快黑了,仍然不知前面还有多远。山势却越来越陡,我们又累又饿,好不容易碰到一个下山的人,一打听,对方竟然说,我们才走了一半的路,而且,由此开始,越往上走,坡越陡,非常难爬。

我问妻子,是不是歇一下?她答应了。显然,她也开始犹豫了,考虑是不是应该往回走。就在我们休息的时候,遇到一位老婆婆,看起来有八十来岁,满脸皱纹,我从没见过有哪位老人年纪如此大,却如此硬朗的。我们向她打听情况,她也坐下来,和我们一起休息。聊天中,她告诉我们,她已经120岁了。

我大为震惊,"您这么大年纪怎么还来爬山?"

她说:"我每年都要来爬一次泰山,泰山是一座神山,爬上去之后,肯定会长命百岁。"她知道我们是新婚旅行,便鼓励我们,"爬泰山是一定要上到山顶的,你看,像我这么大年纪都能上去,你们这么年轻,还爬不上去?你们一定要上去,上去之后,将来肯定多福多寿,多子多孙。"

老婆婆的话给了我们不少鼓励,且当时的情形也只能是向前。因为我们所处的位置恰好在二分之一,往上往下,路程均相当,与其后退,不如向前。只是接下来上南天门的那一段山路非常陡峭,特别难行。那是在山脊上的一条窄道,两边都是悬崖峭壁。天已经黑了,我们借着朦胧的月色和手电筒的光,手脚并用地往上爬。即使如此,我们再没有返回的念头,而是坚定了信念向前。直到晚上10点钟才到达泰山极顶,上面只有一间很小的招待所,住宿很便宜,两个人住一晚,还不足一块钱。山上很冷,招待所还提供了两件军大衣,一瓶开水。

第二天凌晨刚过3点,服务员便来敲门,叫我们起床看日出。我一直觉得庐山的昼夜温差就够大了,这次才知道8月泰山的夜晚有多冷,我们裹着军大衣,还止不住地打着寒颤,更惨的是我们穿的还是塑料凉鞋,寒冷的夜风一吹,脚上一会儿就冻得没有知觉了……我和妻子紧紧地靠在一起,希望能够增加一点儿彼此的热量,但是没有啥效果。我们的周围,漆黑一片,风呼呼地叫着,在山峦松林间刮过,发出一种特别的声响。我想,那大概就是书上写的松涛吧?非常有气势,可因为是在黑暗之中,又像是成千上万的魔鬼在奔跑呼号,让人心生畏惧。

就在我们觉得脚就要冻掉的时候,东方渐渐露出一线乳白色,我们紧紧地盯着,忘记了寒冷。突然,那一条白带之上,猛地跳出一轮太阳。没有任何预兆，不是缓缓地一点儿一点儿露头，太阳就像一只浑圆硕大的鸭蛋黄，"嘭"地一下蹦了出来，夜色瞬间被劈开，万道霞光直射而来，透过浓密的云海，将云层和群山万物都染上了旭日的光芒。

在场的所有人一瞬间全都跳了起来，兴奋得大声喊叫。这完全是被那种垂范千古、启迪万物的气象所震撼，不由自主发出的呐喊。我想，就算是一块死铁，在当时也会激动得发狂。正如元代诗人张养浩在《登岳》一诗中写道的："风云一举到天关，快意平生有此观。"尤其后来听说，有不少人登了好多次泰山，不是阴就是雨，也没能看到一次日出，我们更觉得自己太幸运了。

据说，这样的壮观的日出，在今天已经很难再现了。泰山成了热门的旅游地，游人越来越多，环境也开始被污染，再也没有当年那样清透的云海了。每每想至此，我和妻子都庆幸当时坚持下来了，否则又是人生一大遗憾。

带着日出的震撼，当天中午我们离开了泰安，晚上到达天津。在天津她叔叔家住了两个晚上，18日中午启程前往北京。对于北京，我是非常熟悉的，尤其是父亲去世之后，大哥大嫂也调往了北京。连续几年，我都利用探亲假到北京看望他们。这次我给妻子当向导，逛颐和园、参观故宫、看十三陵，来了一场首都深度游。

26日，我们由北京直奔苏州，逛了苏州园林。当晚就赶到上海，买了一些南昌买不到的精美糖果，准备回去当作新婚回礼送给同事朋友。31日，我们回到南昌，结束了19天的结婚旅行。

走进了婚姻，完成了人生一件大事，我的人生从此也进入了一个全新的阶段。我虽然是文艺创作者，但生活中却不是个浪漫的人，甚至不是一个会生活的人。但是，从我们的亲事定下来那天起，我就暗暗发誓，要让嫁给我的女孩儿一辈子为嫁了我为荣。我有一颗温柔体贴之心，作为丈夫我能为妻子做到的，无论大事小事，我都希望自己能做到。

轰轰烈烈的恋爱容易，相携一生的婚姻却难。用现在年轻人的话说就是，好的婚姻应该是双向奔赴。婚姻不是爱情的坟墓，当双方能彼此鼓励，相互支持，在柴米油盐的琐碎中感知温暖，那么，婚姻就是爱情最美的归宿。

人世间风雨多，诱惑更多，但若能坚守最初那份心动，愿意用一生的时间来守护一个人，你会发现，这将是一件最为浪漫和动人的事情。就像那场无与伦比的日出，不论何时想起来，都会不由得嘴角上扬，绽放微笑。

相守是最长情的告白

以 1975 年 8 月结婚为界,我的生活确实出现了一次大转折。事业上向前跨出了一大步,但生活上,却开始了一段极其艰辛的日子……

单身时,一人吃饱全家不饿,并不清楚生活的琐碎麻烦,现在有了家了,自然就得关注柴米油盐家务事,此时才发现,生活是一件多么不容易的事。

那一年,物资供应比之前更加匮乏,不仅一切都要凭票供应,而且供应量极少。比如蔬菜吧,每人每天只有半斤菜。如果菜市场随时都有菜供应,半斤也就勉强够了,事实上,一天 24 小时,22 小时菜市场是空的,仅有两小时卖菜,几乎所有的人都是凌晨三四点就赶去菜市场排队,排几个小时,才有可能买到一些老得不能再老的包菜帮子。鲜嫩的蔬菜是绝对不可能从市场上买到的,这类菜运进菜场前,都被工作人员清出来留作开后门了。那个年代,菜场、粮店、煤店是最令人羡慕的工作单位。

买不到菜，吃白饭也就凑合过去了，但若买不着煤，连白饭都没法煮了。城市不比农村，农民可以烧柴火，城市里，煤球是主要燃料。当时，煤也是供不应求，想买煤只得托人走后门。所以，煤店的师傅们，不知有多少人巴结，就连那些当官的，也要给这些小人物送烟送酒。我自己一个人时，并没有这些烦恼，如今成了家，才知道一棵青菜、一筐煤球都能难倒英雄汉。好在妻子在学校当老师，她的学生家长中有煤店职工，每次家里没有煤了，还能有人帮忙。

除了吃菜烧煤，还有一个麻烦，那就是经常停电停水。在工厂，我几乎没有这个概念，工厂的停电日通常安排在休息日，停水也是非常之少。但街道居民的生活用电和用水，就成了大问题，最为严重的时候，一到晚上六七点钟用电高峰时，电就停了。没有电，蜡烛又贵，都是点煤油灯。然而煤油也是紧缺物资，正常渠道根本买不到，又得再三托关系。在那样一个时代生活，如果没有一个盘根错节的关系网，简直就无法生存。

最难的还是停水。那时候，虽然大多数居民楼里已安装了水龙头，但自来水公司就像脾气大的娇小姐，一不高兴，十天半个月滴水不出都是常有的，人们只能去找街上的消防栓接水。我们家准备了两只铁桶，又在家里准备了一只大水缸。每次，我都是骑车，满街找消防栓，找到之后，想办法打开，放满两桶水，挂在自行车后架把上，一边一桶，小小心心地往家里骑。无奈一路颠簸，往往到了家，一桶水也只剩一半，都洒在了路上。

对比现在生活的便利和物资的丰富，当年的生活之难之累，今天的年轻人绝对想不到。人们不仅都在极端的贫困线上挣扎，在物资极为缺乏的最低保障线下，日子更是难熬，但身边，却很少听到抱怨的声音。大家都像拉纤的纤夫一样，闷着头，拉着生活的大船往前走。

多年后，我总想，那时候的每一个普通人其实都是英雄，虽被苦难压弯了腰，但仍旧默默前行，并最终都走出了苦难，走出了我们那个时代的坚韧。

最苦的还是妻子。我的社会活动比较多，常常是各处走动。尤其是1976年开始，一些文化机构相继恢复，急需人手，文化部门决定从工农兵里面选拔一些文艺人才。加上《井冈山下种南瓜》的发表给我带来很多荣誉，于是我就从江西铸锻厂调到了省文化工作室音乐组。我负责编辑《江西歌曲》杂志，还要管全省的音乐创作活动，出差更多，家里的大大小小的事都是妻子在打理。

这一年我的生活也是喜忧参半，喜的是妻子怀孕，我们即将迎来新的生命；忧的是物资供应越来越紧张，生活条件越来越艰苦，而我的健康状况也开始出现了问题。

当时我被抽调去《火红的战旗》大型歌舞剧，负责搞音乐创作。集结了三百名中学生演员和创作组，在江西共产主义劳动大学里，进行封闭式排练。此时已是盛夏，妻子面临生产，我又不能在家照顾她，便商量好让她回九江娘家待产。她有父母照顾，我便没了后顾之忧，将全副精力，投入到这次创作之中。

可我刚住进"共大"时，就感觉身体有些不对劲儿，一直提不起精神来。最初还以为是累的，岂知情况越来越严重，精神越来越差，食欲也大减，看到饭菜就犯腻、恶心。一起工作的熟人劝我说："颂今，你怎么了？脸色怎么这么黄？是不是病了？去医院看看吧。"

我硬撑了几天，实在撑不下去了，才去医院检查。结果是：乙肝，要住院。

那年头得乙肝的人特别多，谁都不清楚是怎么传染上的，说得就得了。好在此时，我们的创作基本完成，剩下的也就是排练，我便住进了医院里，每天和一大堆药打交道，全身没劲儿，连床都下不了，一个多月后才稍稍好一点儿，偶尔可以去创作组走走，看看排练的情况。

我的女儿就在这时候出生了。由于有病怕传染，我这个做父亲的，不仅不能去九江陪着她妈妈去医院，就是女儿出生后的好长一段时间，我去看一看都不敢，心里真是愧疚得很。

直到9月，我的身体状况稍好了一些。《火红的战旗》前往九江演出，我才随着三百人的演出团去了九江，第一次见到了宝贝女儿。按照我的身体状况，是不应该出这趟远差的，但是我实在太想见到女儿了，才支撑着和他们同行。我到了岳母家，担心把病传染给他们，也只是远远地看了看女儿，都不敢和她太亲近。

回到南昌后，我的病情已经稳定，准备接妻子女儿回家。只是我这个病是种富贵病，又是一种绝情病，重活儿不能干，营养差了不行，还得家庭隔离，吃住都得和家人分开。家里那么小的房子，要分得太开根本不可能，只好在大床之外，临时搭了个单人床，用帘子隔开。

女儿满月后，回到了南昌，那段时间是我们家最为艰难的时期。家里多了个嗷嗷待哺的婴儿，杂事一下多了起来。我又是个病人，就算是不需要太多体力的活儿，干的时间稍长，头便发昏，身体发飘。偏偏这个时期，停水停电越来越严重，物资供应更加紧张。

每天凌晨，妻子很早便起床了，跑到菜场排队，回来后又要给孩子喂奶，再想办法弄几桶水回来。匆忙吃点儿早餐，急忙往学校赶。在学校里，一整天都不得闲，活动一个接着一个。到了下班时间，又要赶回来，照顾大人照顾小孩子。我除了干着急，完全不能帮忙。

这样折腾，就算是铁打的人也经受不住，时间不长，妻子也病了，急性乳腺炎。作为新手父母，对于这种病，我们完全没有概念。最初还以为只是小毛病，谁知突然就高烧起来，一下就烧到 40 多摄氏度，我吓了一大跳，赶忙想办法送妻子去医院。

那时候南昌还没有出租车，乘公共汽车是不行的，她根本没力气走动，我又背不动，只好向邻居借了一辆拉货的三轮车，在上面摆了一把小竹椅子，用毯子将她裹严实坐上去。我蹬着三轮车向医院赶，出门不远，有一个大斜坡，以前没病的时候，过这个斜坡是没问题的，可现在大病未愈，双腿无力，根本踩不上去。我只好下车，用力推着三轮车往上走，岂知刚刚推到一半，就听到"咣当"一声响，坐在后面的妻子连人带椅子从车上翻了下来。我连忙跑过去扶她，心中急得要死，怕她摔坏了，还好身上裹了毯子，总算没有出大事。

好不容易到了医院，我已经是精疲力竭。医生检查过后说是要住院。在医院住了两天，烧退了，妻子坚持要回家。她心里清楚，我是个病人，又要照顾她又要照顾孩子，更经不起折腾。可她的病十分麻烦，几天后又复发，再次发烧，匆忙又要往医院送。

现在想想，那段日子真是惨极了。本来该我照顾她，反而让她吃了如此多的苦，但妻子从来没有抱怨过，她用柔弱的肩膀，撑起了我们的小家，撑起了我和孩子的天。

此后很多时候午夜梦回，往事浮现时，我都庆幸能与妻子相识相守，她不仅是我生活中最契合的伴侣，更是我追逐梦想路上的最强辅助。

妻子的书法写得非常漂亮，我的很多歌词、文章、资料都是她帮我抄写的。特别是有一次我评职称的时候，资料要得急，而我要申报的材料又非常多，她为了帮我填各种表格、誊写资料，连续弄了两三天，最后一天更是彻夜未眠，熬了一个通宵，没有半句怨言。

在往后的日子里，无论学习还是工作，妻子都给予我最大的支持和帮助。可以毫不夸张地说，若是没有妻子一直以来的默默付出，根本没有我日后的成就。

我们的爱情，没有惊心动魄的绚烂乍欢，只有在平淡流年里的久处不厌。

2023年的春节，我和妻子也都成了白发苍苍的老人。疫情解除，我们和女儿女婿外孙一起看了电影，又逛了公园。阳光照得人身上暖暖的，心里也是暖暖的。我看着阳光下的妻子，脑海里回响着我曾经写的一首歌：

"我俩心相印，爱情常相守。我俩手牵手，温情暖心头。我俩手牵手，黄土变成金。情相悦，心相印，幸福有奔头。心相印，手牵手，爱情的道路铺满锦绣，天长地久共白头……"

我和妻子携手大半生，生活中也偶有矛盾，但都是小问题，且很快就化解了。

有人问我，夫妻俩是如何做到和睦几十年的，问我有什么秘诀？其实真没有秘诀。因为，我们不仅是爱人，更是把彼此当作最知心的朋友，相互理解，相互信任，而后有了发自内心的相互支持。就像我与妻子保持着充分的坦诚，结婚前就将自己之前相亲谈朋友的经历都如实相告，不让婚姻有半点儿猜疑。也是因此，多年后，我的那位"初恋"来广州旅行，妻子也都是热情招待，因为我的坦诚让她能绝对信任我。

我想对妻子说："竹华，真乃三生有幸，我能够娶到你这样一位贤惠的妻子！感谢你几十年如一日，对我的悉心照顾，给了我一个温暖和美的家！让我能够全力以赴，为音乐事业去拼搏，而毫无后顾之忧。"

世间的爱情有千万种，最浪漫的爱情莫过于在恰好的年纪里爱上了恰好的人，然后彼此欣赏、共同成长，在漫漫岁月中，成为对方最温暖的依靠。

第五章 重拾大学梦想

机会是争取来的

1977年，我的病终于完全好了。家里最难的那段时光也慢慢熬了过去，在音乐组的工作也越来越得心应手，生活与工作都朝着好的方向发展。但"大学梦"未圆的遗憾，就像挂在窗下的铃铛，时不时就会随风撞击一下我的心门。

其实三年前，我还抱着一丝希望去北京打听过。当时从报纸上看到中央五七艺术大学成立的消息，我非常激动，于是便趁着探亲假去了北京，看是否还有读大学的机会。

到北京找到五七艺术大学后，我这种期待更强烈了。因为这所学校所在地鲍家街43号，就是原来中央音乐学院的校舍，只是改了个校名。我打听后得知，作曲系的负责人是黎老师，不就是原来中国音乐学院的作曲系主任吗？当年他是我的主考官，马可先生接见我们这批被录取学生的时候，他也陪同马可在场。我心中狂喜，竟然是以前的老师，也许更有希望吧。

我按捺住兴奋，找到黎老师说："黎老师，我是1966年被中国音乐学院录取的作曲系学生，听说你们现在恢复了音乐学院，我有没有可能来读书呢？"

没有想到，黎老师却泼来了一盆冷水，他说："我们中央五七艺术大学跟旧中国音乐学院没有任何关系，所以你原来的那个录取是无效的。现在我校采取工农兵推荐和选拔的方式招生，如果你想进校来学习的话，只有一个办法，就是回到你的所在地，由当地的工农兵推荐你。"

我的心一下子冰凉冰凉的，这哪里轮得到我？工农兵选拔推荐我是知道的，往往一个省只分配几个名额，看的不是你的才能，而是你的关系和背景，基本上都是那些有特殊关系的人才会有机会。而我是分猪肉的时候，连猪毛都捞不到的人。

也就是从那时起，我彻底打消了上大学的念头，"大学梦"也就成了心中最大的隐痛。我只能安慰自己，好在已调到省里的音乐组从事专业音乐工作，不用再当工人了。

1977年夏天，艺术焕发出新的生机。当时北京正在举办全军文艺汇演，沈阳军区文工团演出的大型舞剧《蝶恋花》，还有新疆军区文工团的歌舞晚会，艺术水准都极高。全军文艺汇演不仅在全国产生了极大的影响，也给全国的文艺工作者带来巨大的鼓舞。因此，各省市都组织音乐舞蹈工作者前往北京观摩学习。作为江西省重点培养的文艺新人，我自然身在其列。

在北京观摩全军文艺汇演时，我得知了一个消息：大学可能不久将恢复招生。心里顿时酸酸的，对已经在校的工农兵学员是又羡慕又嫉妒，心中升腾起一种生不逢时的悲叹。

回到江西，领导孙老师对我说："颂今，上海音乐学院分给江西一个作曲系的考生指标。我觉得这件事你应该去争取一下。在江西，没有人比你更适合了。而且，你现在的编制还是'以工代干'，如果读了大学，编制问题也能够解决，自然就成为干部了。"

原本还沉浸在落寞中的我，一下子激动起来，立即跑到有关部门咨询，想争取这个指标。

可是，一番打听之后我便失望了，省里已经将名额给了省歌舞团的一位拉手风琴的女老师。名额虽定，但我仍不甘心，我想，虽然她手风琴拉得好，但这次的指标是作曲系，不是她的专业，所以我抱着侥幸心理，一直关注着她考试的情况。

果然，不久我便听说，她没有被录取。可还没等我去毛遂自荐，名额又给了江西省文艺学校的一位年轻老师，据说他原本就是上海音乐学院附中的毕业生，而且是学作曲的。按理说，这位老师估计是十拿九稳了，但我心里那点儿小火苗还闪闪跳动着，我太期盼着能上大学了！而且，我已经31岁了，是"老三届"中年龄最大的一届，考大学我们只有今年一次机会，错过这一年，我们这个年纪就不能再报考了。所以，我一直在心里祈祷着，也许能出现个万一呢？

也许是我的愿望过于强烈，命运之轮终于偏向了我。大约一个月后，有消息传来，这位省文艺学校的老师也没有通过考试，似乎是专业考核没有过关。

我听到这个消息后，立即向省里毛遂自荐，说："省里获得这个名额不容易，如果就此放弃太可惜，不如把这个名额给我，让我试试。"

省里的领导还是很谨慎，回复我说："你的建议可以考虑，不过，这不是某一个人说了算的事，需要集体研究，有结果再通知你吧。"

当时省里几位负责音乐方面工作的人都算是我的老师，对我的作曲才能非常欣赏，也十分爱惜我，他们得知我想去考"上音"，自然是大力支持。而另外几位能说得上话的行政领导，他们大概也考虑，这个名额浪费了是有点儿可惜，不如送我个顺水人情。

如此一波三折后，省里终于决定把这个名额给我。

得到通知，我兴奋极了，立即赶到妻子的学校，和她商量这件事。妻子态度十分积极。她知道，音乐是我终生奋斗的事业，上大学是我多年的梦想；她也知道，我若是去读大学，家庭的负担，会全部压在她一个人身上。可是她毫不犹豫地支持我，鼓励我放下一切顾虑，全力以赴去上海应考。

回首半生，越发觉得，顺风顺水是人生的意外，挫折磨难才是人生的常态。人与人的区别就在于，在同时起步的路上，你能坚持多久？很多人，走着走着就放弃了，被挫折打弯了脊背，被苦难削平了心气，人生也就只剩下平庸。只有那些坚持梦想的人，熬着挺着，仍旧一步步向前，而这坚持的每一步，都成了日后精彩人生的铺垫，通往自己想要的美好未来。

幸运不会一直都在，苦难也不会一直不离开。所以，千万不要轻言放弃，转机也许就在下一个路口。也许它来得会晚一些，但一定会来。就像我，在等待了11年后，终于迎来了考大学的新机遇。

31 岁大龄再次备考

这可真是一次天时、地利、人和俱全的机遇。如果提前一年，那时，我正在生病，别说是考试，就是干一些最简单的事情的精神都没有。我心里庆幸不已，更是提足了精神，下定决心一定要抓住这最后的机会。

孙老师也非常关心我的这次考试，他四处打电话，了解考试的相关内容，又特意找到我，问我有没有信心。

我说："从专业考试的内容来看，创作以及作品应该问题不大。"

11 年前，我的专业能够通过中国音乐学院的考试，11 年来，在创作方面我也有了更多的历练，获得了长足的进步，所以，这方面，我是有把握的。作品自然也不会有太大问题，别说我在北京、上海公开发表了那么多的作品，仅仅只是《战地新歌》上的《井冈山下种南瓜》，已经是全国流传，家喻户晓，应该够条件了。相对有点儿难度的是音乐理论，这种东西是需要系统掌握的，尤其是一些概念需要死记硬背，不温习很难记得完整。

孙老师知道后，给我提供了极大的帮助，尽一切可能减少我的工作量，以便我有更多的时间复习。我属于后补考生，在家复习的时间不多，匆匆看了一些要点，便启程去上海。临走时，孙老师又特意给我写了一封推荐信，让我去找他在上海的朋友——著名作曲家梁寒光，希望他在音乐理论上面给我强化一下。

梁寒光是我非常尊敬的一位音乐家，从延安时代开始，写过很多脍炙人口的歌，在音乐界极受尊崇。我找到他时，六十多岁的梁老师头发虽已花白，但精神矍铄。他看了信后，非常热情地说："你不要客气，需要我帮你做什么，尽管开口。"

我说："其他方面，我都比较有信心，主要是基本乐理方面，还想请您帮我辅导一下。"

梁老师丝毫没有推托，拿起我带来的基本乐理教材，从第一页开始，一页一页地给我讲解，讲到重要的地方，还会在纸上写下来。不仅是书中的内容，他还根据内容举了很多例子，对一些习题，也都在纸上列得非常清楚。

这是我与梁老师的初次见面，他用了整整一天的时间来给我讲解这本书。我是年轻人，坐着听了一天，都觉得累得不行，而梁老师没有表现出任何的不耐烦，他一丝不苟的认真和无私，让我现在回想起来都感激不已。

告别梁寒光老师之后，我又去拜访了上海出版社的几位音乐编辑老师。他们听说我来报考上海音乐学院，都替我高兴，特别是李丹芬老师。按说我只不过是她的一个作者，也没有更深的交情，但她主动表示，要给我引见音乐学院作曲系的沙汉昆主任。她亲自带着我去了音乐学院，拜见沙老师，当面将我的创作成果作了一番详细介绍。

因为有《战地新歌》的背书，沙老师对我还有一些印象。他见我有点儿信心不足，便给我打气："你不必担心，以你的情况，在这批考生中算是突出的。"接着，他将需要考的课程以及考试注意事项给我讲了一遍。

11年没有考试了，心里确实没底。进了考场发现，就自己一个人时，心里更慌了。好在我沉下心开始答题时发现，这次考试比11年前参加的那次考试，要简单一些。当然也可能是11年的积累和沉淀，我对许多理论的理解以及对技巧的掌握，已经纯熟，因而会觉得简单。也是考完我才知道，因为我是唯一一个补录的，所以考试只有我一个人。

一个多月后，我收到了上海音乐学院寄给我的录取通知书。

有人或许以为，拿到录取通知书时，我一定会欣喜若狂，毕竟这是我做了多年的梦，终于是得偿所愿了，我也曾这么觉得。但事实是，我对于接到通知书的情形，记忆已经很淡漠，很难回忆起当时的心情。如今想来，可能是有意淡化当时的喜悦吧，毕竟之前已经有过两次录取后的意外了，在我的意识深处，只要没有正式报到，都是变数。

1978年2月，春节过后，我背着简单的行李和满满的一箱子书，告别南昌前往上海读大学，荣幸成为高校恢复招生后的首批大学生。

我的"大学梦"终于圆了，断裂的岁月终于得到了重续。

这一年，我32岁。

中国有句谚语说"人过三十不学艺"，意思是人在30岁往后，就难再去学习技艺了，因为这个年纪基本上都有家有孩子了，各种牵绊和顾忌会让人的精力和冲劲儿难以和年轻气盛的时期相比。现在的年轻人口中也流行一个词："躺平"。按这两种说法，32岁的我是完全可以躺平的。生活稳定，妻女相伴，即便不上这个学，我已具备的能力也完全可以胜任目前的工作，着实没有必要再折腾自己。

但是，人生并不漫长，我们也无法决定生命的长度，但我们可以决定生命的深度和广度。我可以躺平，选择一眼就可以望到尽头的平淡日子，但若选择奔跑在路上，一定会看到不一样的风景。

人生这趟旅途，目的地早就定好。因此，最为宝贵的是沿途那些风景，以及我们看风景时不一样的心情。所以，我们应该握紧美好的理想，在逐梦的路上勇敢地奔跑。而且我坚信，没有恰好的时机，也没有应该的时间，不要人为设限。只要出发，什么时候都不晚，什么时候都正好。

苦并快乐着的大学生活

中国建院最早的高等音乐学校——上海音乐学院，就像一座象牙之塔，属于音乐教育的最高学府，学生入读的门槛非常高，招生人数非常少。当时作曲指挥系五个年级加起来，总共只有二十几个学生，我们这一届只招了10位同学。我以为我会是年龄最大的，没承想学指挥的安徽同学尚庭文年龄更大，已经三十五六岁了，而年龄最小的谭利华，当时才二十出头。年龄差异如此巨大的班级，在现在的大学校园里应该是很难见到了。

面对这来之不易的上学机会，我是一分钟都不敢懈怠。也认为自己在作曲方面也算得上是有所成就，专业课程的学习应该不会太难。然而，刚开课就遇到了两大难题——和声和钢琴。

和声就是由几个不同的音同时发声而构成的音响组合，通常情况在大乐队或多声部的作品里都会用到。我虽然长期创作歌曲，但一直以来写的都是单旋律，脑海里没有形成和声思维。因此，每次的和声作业，别人可能一个小时就做完了，我最快都要两三个小时。

除了思维模式的局限外，学和声困难的原因，还在于我的钢琴底子非常差，或者说，我根本就没有钢琴基础。12年前，我考中国音乐学院时，因为没有接触过钢琴，视唱练耳就是我的弱项。后来，到铸锻厂工作期间，认识了南昌师范学校音乐科的肖文鸾老师，跟着她断断续续地学过一点儿钢琴，程度浅到几乎可以忽略。

现在生活条件好了，父母们对孩子的教育也非常重视，家里也买得起钢琴，有不少孩子从三四岁开始弹钢琴，练就了一身的童子功，这对钢琴的后续学习和弹奏都有着事半功倍的效用。当时班上的同学王觉来自上海的音乐世家，他就是这样从小开始练琴，一手钢琴弹得行云流水，大家因此给他取了个外号，叫"钢琴机器人"。

而我32岁才开始学钢琴，情况就要窘迫很多。别人的手指是在琴键上飞舞跳跃，我的手指因岁月的磨砺已变得僵硬而又迟钝，即使我有再好的乐感，面对88个黑白键也经常是手足无措。

有一天，我在琴房做最简单的指法练习，一群六七岁的孩子趴在琴房的窗户上嘻嘻哈哈地笑着看我。我的脸"腾"的一下红了，一股强烈的羞愧感冲上心头。因为我知道，这些孩子都是音乐学院附小钢琴专业的学生，每一个都可以称得上"音乐神童"，可能在他们眼里，我这个跟他们父亲年纪一样大的人，居然在弹奏《车尔尼599》——最基础的钢琴练习曲，还是作曲系的老学生，实在是太可笑了。

也许这些孩子并没有这么想，之所以围观，仅仅是好奇，但是我敏感的自尊心还是受到了一次巨大的冲击。和这些孩子们相比，我远远地落到了后面，如果沿用目下时兴的年限界定的话，那么，我至少比他们落后了25年，这种落差的刺激何其巨大，何其强烈！

除了学习上的压力，生活上的压力更大。虽然来上学之前也有心理准备，但是真正面临困境的时候，还是感觉如牛负重，深陷泥中。

我们班10个人，我是经济条件最差的。当时虽然是带薪上学，但单位把所有的补贴都取消了，所以我当时的工资每月只有36块5毛。妻子的工资也不高，每月只有三十来块，孩子已经一岁半了，需要花钱的地方更多，而我独自在上海，两地分居，又增加了许多额外的开支。总之就是，收入减了，开销更大了。

那时候，不敢多花一分钱。每天早上买一个5分钱的面包，早餐吃一半，留一半到半夜自习时饿了再吃。午饭买一份素菜一份饭，原则是少吃饭，多喝汤，因为汤免费。最大的奢侈是偶尔去水果店买几个特价处理的苹果，那种最小的、已经放蔫儿的国光苹果，两毛四一斤，一斤能有五六个，每次都是细细地啃，不会浪费一丁点儿。舍友陶思耀来自南京部队前线文工团，他的工资是我的两三倍，有八九十块钱,看我过得实在清苦,便常常请我吃宵夜,一碗阳春面或者一碗馄饨,算是那段日子最暖心的美味了。

我们那个年代,没有几个人是没吃过苦的,所以,学习的苦、生活的苦,对我来说都不算是真的苦,熬一熬就过去了。可是,心里的苦,那种因亏欠家人而自责的苦,浓得久久化不开。

初遇妻子时,我就下定决心这辈子要好好照顾她,给她一个安稳的生活,但结婚以来都是她照顾我、支持我,用她柔弱的肩膀支撑着我们的小家。我也不是个称职的父亲,此前因为一直生病就没能照顾到女儿,来上海读书后就更是缺席女儿的成长,唯一能做的,就是每个月将省下来的钱买些上海的糖果饼干,托人带回南昌给女儿,聊以慰藉心中之苦。

在音乐学院的第二个暑假,我接妻子和女儿来上海。当时学校有内部电影放映,我让妻子去看,我在宿舍看孩子。结果女儿看不到妻子,开始哭闹起来,不停地喊着"我要妈妈"!怎么哄都无济于事。一部电影的时间,我差点儿崩溃,跟女儿一起哭起来,也更加体会到妻子的不容易,平时她一个人又要上班,又要带孩子,该有多难?

很多年后,我都清晰地记得自己抱着大哭的女儿,无助等待妻子的情景，心中内疚与感激交织的浪潮久久不能平息。

然而，纵使饱尝种种困苦，与在上音几年学习的收获相比，一切都是值得的。在此之前，上大学只是我的一个单纯的梦想，梦想能实现最好，实在实现不了，也没什么大不了，我照样能谱曲作词。但我读了大学后，才深刻意识到，一个人若想有更高层次的发展，系统的高等教育是必不可少的。

首先，系统的学习，提升了我专业音乐知识和创作技能的高度。

如果说，音乐是一座金矿的话，之前的12年，我就像淘金客一样，所进行的只是散点挖掘，这里拾一点儿，那里挖一点儿，获得的知识都是断裂的、零散的。到了音乐学院之后，我才真正得以窥见音乐矿藏的庞大，也愈知自己的贫乏。

比如，我自认为对中国民歌的认知还是挺多的，但听了"中国民歌"这门课后，我才知道自己以前的所知仅仅是一点儿皮毛。这门课的主讲老师是江明淳，他也算是这门学科的创始人，教材都是他自己编的，用钢板刻出来油印的。"中国民歌"课原本不在我们作曲系的课程表里，但因我对民歌非常感兴趣，所以只要别的系有课，我几乎是堂堂必去旁听，还做了很多笔记。若哪节课缺了，我都会去借听过课的同学的笔记来抄。系统的学习和老师的讲解不仅让我对中国民歌有了更加完善和系统的认知，这其中很多知识如果靠自己领悟，可能一辈子都悟不出来。但是老师的讲解和点拨就像拨云见日，使原来肤浅的感性认知上升到了理性理解，让我对之前搜集的民歌素材有了更深刻的认识，在以后的创作中也运用得更加得心应手。

细想我的音乐生涯，与七座城市有缘。庐山脚下的九江，是我的出生之地。兰州、银川、成都，是童年的音乐启蒙之地。江西南昌，既是我的老家，也是我青少年时代自学音乐的起步之地。首都北京，曾是我音乐梦想的破碎之地，也是后来认可我五十年音乐成果的见证之地。广州，是我工作和生活了三十多年的音像歌坛重镇。而上海，自从我踏进音乐学院的大门开始，便成了我专业音乐生涯的奠基与启航之地。也是从那时候开始，我正式从一个业余音乐创作者向专业作曲家跃升。

其次，学院里丰富的资源，开阔了我的眼界和认知的广度。

除了丰富多样的专业课程外，学校还经常举办各种学术讲座和音乐会，只要我有时间，都场场不落。图书馆、视听资料室更是我最爱去的地方，以至图书管理员都认识了我。名作藏书、原版曲谱，还有各类作品的唱片录音录像，让我大开眼界。我就像饥饿了很久的人，丰富的知识食粮，不仅让我有一种饫甘餍肥的满足感，更让我从内心深处获得了一种高情远致的丰盈感。

现在资讯发达，想要的信息和资料可以说是唾手可得，很难体会我当时那种久旱逢甘霖的激动，我举两个例子也许你就能理解了。

那还是我在铸锻厂当学徒期间。一个星期天，有一位高干子弟同事说他家有一台留声机，邀我去听一首非常动听的曲子。我是求之不得。到了他家之后，我们爬上阁楼，打开留声机摆上一张黑胶唱片，一曲宛转悠扬的音乐流淌而出，声声入心，那首曲子就是小提琴协奏曲《梁山伯与祝英台》。那个年代，像《梁山伯与祝英台》这种婉约唯美、爱情题材的音乐是"靡靡之音"。我们闭严门窗，调到最低音量，听得痴迷又忐忑。饶是如此小心，仍在刚听一半的时候，被同事的母亲发现了，她闯进房门，劈头盖脸将儿子骂了一通。

留声机的动人乐章戛然而止。直到十年后，我才在音乐学院图书馆听完了这首曲子的后半部分。更为意想不到的是，这首曲子的作者何占豪和陈钢教授，都是上音的老师，我读书期间，听过他们很多课。

在那特殊的年代几乎没有音乐，所谓的电影也跟新闻简报似的。所以，当苏联电影《列宁在1918》被允许上映的时候，引起了巨大轰动，大家都抢着去看。原来电影中有一个情节，红军战士到剧院去看芭蕾舞《天鹅湖》，舞蹈的片段也演了出来。那是很短的两段，一段是四只小天鹅表演，另一段是双人舞。记得十多年前，在北京舞蹈学校听赵景参弹过《四小天鹅舞曲》，当时就觉得这音乐美得不行。后来一直希望有机会看一看全场表演，可一直都未能如愿。所以当从电影中看到这个片段后，我立即将当天所有场次的票全都买了。算好时间进去，专门看那段《天鹅湖》，看完就离场，估摸着下一场快演到这个部分的时间再进场，将柴可夫斯基的这两个音乐片段深深地刻在了脑子里。

所以，当我看到上音图书馆视听部里那琳琅满目的唱片时，就像寻宝的猎人终于找到了梦想中的宝库，柴可夫斯基的《天鹅湖》终于可以在我这里画上圆满的句号。此后，我一有时间就就泡在图书馆，中外名曲、古今经典，还有各地民歌、各种原始采风录音等等汇成了浩瀚的音乐海洋，我像一块干燥的海绵，在其中贪婪地吸收着各种音乐的养分。

我们是恢复高考后正式通过考试进入学校的第一届作曲系学生，1977级。大家都是已经参加工作的，我们这个班也叫在职音乐干部进修班。与普通的班级不同，我们只有短短的两年在校时间，却滋养了我此后几十年的音乐生涯。

大学带来的见识，拓展了我的眼界，让我看到了从前看不到的东西，思维能力更强，思考的角度也更加深入。没读大学之前的我，就好比工地上施工的工人，看到的只是水泥和钢筋；读了大学后的我，变成了建筑工程师，看到的是图纸和整座大厦。尤其是越好的大学，提供的资源越优秀，那么加载给你的翅膀上的动力就越强劲，也就会推动你飞得更高、看得更远。

此外，在大学里，除了知识和技能的收获，教授们的言传身教也开启了我的人生观念的新篇章。当时音乐学院的很多教授都是中国音乐界泰斗级的人物，他们学识渊博，资深望重，为人却十分亲切谦和。

当初我来上海参加考试时就感觉到了，主考老师不是那种高高在上审问的态度，而像家里的父辈长者在和你亲切谈心。正式开课后，这种喜得良师益友的幸运感更为强烈。

我的主课老师邓尔敬教授，是中国著名的作曲教授，我和陶思耀是他带的最后两个学生。邓教授对我们特别好，批改作业从来都是循循善诱，非常和蔼。

我钢琴弹得极差，但幸运的是，遇到了一位仪态贤淑、大家闺秀范的徐祖颐老师。她教学有方，对我这个笨学生也是爱护备至。每次上课都首先表扬我，夸我有进步，弹得不错，其实我知道自己弹得有多糟糕，但是徐老师从来都是鼓励教育，维护我的自尊心，让我坚定了继续学下去的信心。另外，徐老师知道我的先天困难，因此考试的时候也非常宽松，考试前都帮我辅导，指点曲子，手把手地教。也正是有了徐老师的鼓励，我下定决心笨鸟先飞，别人练一个小时，我练两个、三个小时。

系书记沙汉昆老师发现我做和声作业特别困难后，有一天晚上专门找到我，说："来，今天晚上我陪你做和声题，看看你到底是遇到了什么困难，怎么做得这么慢？"那天晚上，沙老师陪着我，发现我就是思维模式的问题。惯性思维，真的是成长的最大障碍。而要突破自我的思维局限，则需要付出更多的努力。在这个过程中，沙老师几次陪我做功课到深夜，给了我很大的指导和帮助。

我常去旁听"中国民歌"课，江明淳老师也发现了我这个好学的学生，虽然我不是他们专业的，但他对我也很关心，在专业上给了我很多指导。四十年后，我在上海音乐厅举办作品音乐会，已经是院长身份的江老师和师母，还前来捧场。

还有汤沐海老师，后来成为了国际知名的指挥家。他教我们曲式分析，很年轻，年纪可能比我们班上很多同学都小，但我觉得他非常有才华，专业水平很高，对我们这些大龄学生没有表露出丝毫的优越感。

不仅是所有的教授老师,音乐学院的其他工作人员,甚至是传达室的师傅,待人都温文有礼。这对我影响巨大,很多年后,我的学生们都对我说:"吴老师,您看着太不像名人,跟谁说话都是那么和气,没有一点儿架子。"每每听到,我都是笑而不语,因为,当年我的老师们也是这样对待我的。

如今,有不少"读书无用""上学无用"的论调,但我可以肯定的是,鼓吹这种论调的人一定不怎么读书,也没怎么上过学。因为人的认知框架受限于所处的环境,没有见识过知识的美妙,没有接触过真正德高望重的人,那么这个人认识新世界的路也基本是被阻断了。

书籍是我们了解世界的窗户,系统的知识教育是我们攀登更高领域的阶梯。也许你会说,探索世界的路有很多条,但相信我,读书和学习是让你站在巨人的肩膀上眺望未来,而其他的路也必然会要你付出更多的努力和更大的代价。

虽然我的求学道路走得坎坷艰辛,但无论何时想起,我都无限感激那个没有放弃"大学梦"的自己。所以,年轻的朋友们,一定要抓住且不要辜负了这人生中重要的机遇。

写出第一首爱情歌曲

在上海音乐学院读书时，除了学校，我还有一个常去的地方，那就是出版社。一来是因为和出版社的老师们相熟，去那里能向他们学到很多东西；二来，也是很实际的一点，当时发表作品不再只是给点儿稿纸信封就算了，而是按照作品数量发稿费。虽然一首歌两三块钱，对于当时捉襟见肘的我来说，也是一个挣外快的难得机会。

当时出版社临时有个出版任务，为了配合宣传新时期总任务，要突击编一本演唱材料。我得到消息，便赶着创作了两首相关内容的节目，一首大人的快板表演唱《歌唱新时期总任务》，一首童声表演唱《画美景》，包括曲谱、快板词、口白词、演唱说明等等，大概八九页。发表后收到了九块钱稿费，这笔钱对我来说，简直是一笔巨款了。

我去邮局取了出版社寄来的稿费汇单，真是太开心了。之后写歌就更加卖力，做完功课，不是作词谱曲，就是为电台报刊写音乐文章，课余往出版社跑得更勤了。

那时候还没有复印机。为了多挣稿费，我把歌稿寄给老家一位相熟的周老师，他会把歌先在钢板上用蜡纸刻好，再用滚筒油印机帮我把曲谱油印出几十份，邮寄给我。我在图书馆查找到全国各地的音乐报刊社地址，然后一式多份地投寄出去。

在音乐学院期间，我不仅创作的作品多，创作思想也发生了很大变化。此前虽然我写过许多歌曲，却没有一首真正表达个人情感的。不能说我的歌曲没有赋予情感因素，可表达的大多都是集体的意志，革命的情感。正如鲁迅所说的，"文学是投枪是匕首，是战斗的武器。"在我的意识之中，音乐也是武器，也是要用来和敌人战斗的。记得我崇拜的作曲家马可在他《时代歌曲漫议》书中说过，"音乐是时代的号角，是革命的火炬。"

那个时代，我从来没有想过要用手中的笔，用音符来抒发个人的真情实感，满脑子想的都是紧跟时代洪流，紧跟革命形势。因此，从来不曾想过要用音乐来表达自己的喜怒哀乐。记得父母亲去世，我悲痛欲绝，可我只知道要化悲痛为力量，要节哀，却没有想过应该写一首词，作一首曲，来缅怀二老。后来我结婚了，幸福感充满了内心，也没有想过为自己幸福的爱情写一首歌。

来音乐学院不久，文学界开始出现表现个人感情的诗歌、散文、小说，许多以世界经典文学作品改编的外国影片也开始在内部上映，个人命运的悲欢离合，打动了无数观众。我从学院图书馆、音像室、还有社会上，欣赏到许多中外音乐艺术精品，让我逐渐意识到，抒发人世间的各种美好感情，包括爱情、亲情、友情，历来都是音乐的强项。

不久之后，美国杨百瀚大学的学生艺术团来学院访问演出，他们的表演让我感到很震撼。倒不是他们的表演水平有多么高超，而是他们脸上发自内心的笑容，极具感染力，一下子冲击了我。因为我从来没在舞台上看到演员露出过这样真挚的笑容。

我们的演员在台上表演时，也都面带着笑容，但这种笑容是导演要求的，是表演出来的。而杨百瀚大学演员们的笑，是发自内心的真实的笑容，看着就让人忍不住想跟他们一起欢笑起来。当我发觉自己的嘴角也跟着咧起来时，心里一股隐隐欲动的激情便开始慢慢扬起。

1979年是我进院第二年，作曲系举办了"首届抒情歌曲创作大赛"，我的作品《四化花开幸福来》获得了第一名。后来这首歌又由上海著名歌唱家朱逢博演唱，录制了黑胶密纹唱片和盒式磁带，向全国发行。《文汇报》以一个专版的篇幅发布了这首歌的曲谱和著名作曲家朱践耳写的推荐文章。国务院将它选为这一年国庆节活动的推荐歌曲之一，全国各省市广播电台也纷纷播放、教唱，风行一时。

因为这首歌，我得以和歌唱家朱逢博相识。其后不久，朱逢博约我去她家，拿出一封听众来信递给我。来信的是一位四川成都的工人，信里说非常喜爱朱逢博演唱的爱情歌曲，但为什么都是外国歌或者港台歌呢？问她能不能唱一首大陆自己的原创爱情歌曲呢？信里还附了一首他自己写的爱情歌词《我爱阿哥在心间》。

朱逢博说，这首歌词她很喜欢，问我是否能为它谱上曲。我看过之后觉得歌词写得很好，但我还从来未用歌曲表达过个人情感，更别说歌唱爱情了。而且，虽说当时社会风气已经开始慢慢放开，但此前社会对爱情题材歌曲的批判与排斥仍让我心中犹豫不已。可是杨百瀚大学演员们的笑容激起的波澜在心里越来越强烈，朱逢博又在一旁鼓励我，于是我放下心中所有的顾虑，答应她，为这首歌词谱曲。

回到宿舍，我立马动笔，采用江西莲花县的一首山歌素材，谱写成了我的第一首情歌——《我爱阿哥在心间》，这也是朱逢博演唱的第一首祖国大陆作者创作的爱情歌曲。这首歌的唱片出版发行后，获得了广泛的好评，不仅成为朱逢博后来演出的保留曲目，而且全国各地的十几家音乐杂志都陆续刊发了这首歌，并给予极大的认可。

从这首曲子开始，我更加坚信，创作是要有真情实感的。对于听众来说，一首歌是否动听，就在于是否能引起心灵的共鸣；对于作者来说，作品是否优秀，不在于运用了多少高超的技巧，而在于是否饱含真挚的感情。用现在年轻人流行的一句话说就是，"真诚是永远的'必杀技'"。

我不再勉强自己写那些连我自己都没有感动的题材了。当我开始关注自己内心真正喜欢和被感动的题材内容时，我的音乐创作也上升到了一个新的高度。

艺术创作如此，个人成长亦是如此。在生活中，我们很多时候都会不由自主地关注他人的看法，为了获得更多的他人认同，无形中让自己成为了他人眼中的自己。就像那些被要求表演笑容的演员一样，只敢千篇一律地强作笑颜，不敢表露自己真实的观点，不敢与别人不一致，久而久之，真实的自己就真的被丢弃了。

可是，演得再逼真的笑容，终究经不起细看，终会被心灵枷锁窒息。只有关注自己内心最真实的感受，真诚坦然地面对自己，用真情实感对待别人，才能获得心安理得的自由，以及脚踏实地的充实人生。读者朋友，您说对吗？

惊喜从海外飞来

新中国成立之前，由于战乱，远在兰州的爸妈与姐姐和两个哥哥失散了。1949年新中国成立后，父亲在报纸上登了"寻人启事"，但只寻回了两个哥哥，姐姐一直杳无音讯。父母在世时，一直记挂的就是姐姐的下落。将近三十年过去，我一度都忘记了还有个姐姐。然而，机缘巧合的是，在上海音乐学院读书时，我竟然得知了姐姐的下落。

当时，上海音乐学院有很多江西籍的学生。一到节假日，我们就会搞一些老乡聚会。其中有位教民乐的刘老师是江西萍乡人，他对我们非常照顾。那年国庆节，刘老师邀请我们这些江西籍的学生去他家里吃饭。同桌的还有一位老先生，约莫有70岁了。刘老师介绍说，老先生是他同班同学二胡演奏家吴赣伯的父亲。

当年，刘老师从江西来上海读书，受到老先生的多方照顾。现在，老先生的儿子在北京的东方歌舞团工作，没法照顾到独自在上海的父亲，刘老师便常将他接到家里来坐坐。

老先生是江西南昌人，离开老家虽然多年，但对江西仍有很深的感情，便和我们一个个聊天，问我们每个人的情况。当他问道我名字的时候，我说："我叫吴颂今。"

老先生说："你这个名字，听起来像个笔名或者艺名。"

我说："是的，我这个名字是'破四旧'的时候改的。"

"那你以前的名字叫什么？"

"吴肇庐。"

老先生明显愣了一下，问道："你老家是哪里？"

我说："南昌县广福乡吴石村。"

"你父亲叫什么名字？"

我觉得奇怪，这位老先生像查户口一样，追根问底，但出于礼貌，还是答道："吴英梯。"

没承想老先生笑着说道："啊，你是慕丹兄的儿子啊！"

我大吃一惊，因为慕丹是父亲的字号，"您怎么知道啊？"

老先生说："我们是本家啊，小时候我和你爸一起在上海南洋模范中学读书，我们俩特别要好。"

我真是意外又激动，实在没料到竟然碰到了父亲的生前好友，还是本家亲戚。我同老先生自然就很热络地聊了起来。当聊到我家的情况时，他说："你知道你大姐在台湾吗？"

我很惊讶，连忙问道："您怎么知道我姐姐的消息？"

原来，他家老伴儿和我大姐的丈夫是本家亲戚，关系很近。老先生告诉我，1949年年初，我姐夫所在的中央陆军大学迁到了黄埔军校，他哥哥带着财产细软跑到广州，想投奔我姐姐和姐夫。遗憾的是，人后脚找到黄埔军校，姐姐姐夫前脚随军校乘船撤去了台湾。他哥哥赶到的时候，军舰刚刚开走没多久。

虽然老先生对姐姐的去向非常肯定，但当时两岸还没有互通，我也只能在心里感慨一番。

寒假回九江过年，与妻子说起这件事，正好她的亲叔叔从香港回老家探亲。叔叔是香港一所中学的校长，得知这件事后，说他在台湾有熟人，可以托人去打听，帮忙找一找。

我其实并没有抱太大希望，但是没有想到，过了才不到一个月，我就收到了姐姐的来信。

原来姐姐和姐夫早已经在台北安家，三个儿子都已经结婚成家立业。三十多年，姐姐一直思念着父母双亲。无奈天涯远隔，音讯全无。我写信告诉她妈妈去世前对她的牵挂，唏嘘不已。

因为当时大陆、台湾两岸不通邮,这封信也是费了一番周折,才到我手中。姐姐先是把信寄给美国的一个朋友,然后再从美国转寄给我们。我们的回信也是一样,也要通过第三方中转。

等到1987年的秋天,台湾同胞可以回大陆探亲了,姐姐第一批就回来了。当时我刚刚借调到广州中唱公司,想着几十年未见过面,怕到时候认不出来,便准备了一个写着大姐名字的大牌子,举着去白云机场接她。

但是后来那个牌子完全没有派上用场。因为在机场出口处,我远远望见了一个胖胖的妇人,拖着两座小山似的巨大行李箱,艰难地往外挪动。我一眼就认出了她,叫着"姐姐"奔了过去。她也认出了我,同我抱在了一起。因为我们姐弟二人长得都像妈妈,面孔简直是一个模子里刻出来的。

后来姐姐说,当我还在襁褓之中时,她带着出生不久的大儿子来九江看父母,我们舅甥俩常常睡在同一只摇篮里。她家有一台留声机,只要留声机放出音乐,我就不哭不闹,静静地听,留声机一停,我就哇哇大哭,嗓门儿比谁都大。姐姐感叹,"难怪你会从事音乐工作,简直天生就是这块料。"

是不是天生的我不清楚,但音乐确实是我的宿命。

巴尔扎克的《妙语录》中有一句话："人们若是一心一意地做某一件事,总是会碰到偶然的机会的。"一如我对音乐的热爱,从儿时萌发,到少年学步,青年追寻,直到今天音乐梦圆,从未间断过。其间虽然路途坎坷曲折,也因我从始至终的执着坚持,为人生带来了不一样的机会,支撑着我的人生信仰。

人生一载,就应择一事,终一生,踏踏实实,坚持自己的梦想,坚持喜欢的事情,坚定向前走。如此,即使年老体衰,但灵魂始终丰盈饱满;即使没有太大成就,虽然是平凡的小人物,但这一生仍是不平凡的一生。

正所谓,人之无憾,做着自己喜欢的事情;人之幸福,把喜欢的事情做到极致。

中部

歌坛打拼记

第六章 三十五岁再创业办杂志

《心声》海报占领首都体育馆

关于35岁，如今有个充满焦虑的词，叫"35岁职业危机"。说是年纪到了35岁左右，职业发展就会进入"滞涨期"，在职者则可能遭遇裁员劝退，求职者可能面临无岗能收。我从上海音乐学院毕业，回到工作单位时，恰好就卡在这个年龄，只不过，马上35岁的我踌躇满志，因为，我的职业生涯此时才算正式开始。

回到南昌已临近春节，大街小巷都洋溢着过年的气氛。我回到原单位，还是那间办公室，还是那些同事。不过，走的时候还叫江西省文化工作室音乐组，如今已恢复了原先的名字：江西省文学艺术界联合会江西省音协，全称中国音乐家协会江西分会。名字改了，气象也大不相同。我刚报到，就接到通知，要筹办一本新的音乐杂志。

当时，已经是实施改革开放的第三个年头，很多之前停滞的文化活动全面开始复苏，全国也掀起了"办刊潮"，各省市各单位都在筹办新的报刊杂志。江西省文联下属各协会像竞赛一样，作家协会停刊多年的文学杂志《星火》率先复刊，我们音协也决定要办一本全国发行的音乐杂志。

音协原来有本《江西歌曲》，不定期出版，只限在省内发行。我去上海读书之前，就一直是我负责编辑，内容和流程都了然于心，如果想图省事的话，将它改成公开发行非常容易。

但是我在上海学习期间，课余经常泡在出版社，也参与了一些音乐书刊的编辑工作。除了学到一些编辑办刊技能之外，上海出版界的许多先进理念，极大地拓宽了我的眼界。再回看原来创办的《江西歌曲》，内容和编排都十分陈旧老套，地方局限性很大。因此，我跟领导提出，要办就办一本最新最好的音乐杂志，从里到外都要改版创新。

领导也认同我要创新的想法，但是他们认为应该保留《江西歌曲》的刊名，有江西本土特色。综观当时各省音乐刊物的命名方式，大多都是以省名开头，或者用当地有代表性的山水地名命名。比如山东的就叫《山东歌声》，天津的叫《天津歌声》，山西的叫《山西歌声》，后来虽然改名《黄河之声》，地域特色仍旧非常浓厚。如果随大流，按照各地惯例，领导们认为《江西歌曲》的刊名完全不用改，如果要改的话，可改称《赣江歌声》《井冈山歌声》或者《庐山歌声》，反正都是用江西元素来命名。

但我想办的不仅仅是一本江西省的杂志，而是一本立足江西，面向全国，能被各地年轻人普遍喜欢的杂志，刊名不能有局限性。我认为，歌曲就是表达人们心声的，所以大胆提出了《心声歌刊》这个名字。在当时，"心声"这个词传播率并不高，只是在某些文章中偶尔出现过。但是我觉得，以"心声"命名歌刊杂志，不仅与我倡导的办刊宗旨十分契合，而且听起来新颖时尚，完全没有地域限制之感，很容易赢得年轻读者们的欢心。

我当时也有个野心，总觉得"人过留名，雁过留声"，来这人世走一遭，应做些有益于后人之事，总得留下一点儿什么，比如一首歌曲，抑或是一份刊物的名字。终于，在我的不断游说下，上级领导同意了新杂志的名字——《心声歌刊》。

新刊主编本来是省音协主席兼秘书长孙老师，但他完全放手，任命我为副主编，所有的决策权、执行权都赋予我一人担当。一来是孙老师对我的工作能力足够放心，二来是《心声歌刊》编辑部再没有第二个工作人员，从编辑到编务，编辑部里里外外的所有事务，都得我自己一个人搞定。用现在年轻人流行的话就是："一脚踢。"

有上海出版社的学习历练，我在内容编辑上信心满满，但是装帧设计我完全外行，要寻求外援。我找到省文联美术家协会的年轻人小翁，请他帮忙设计封面。我把自己的设计理念告诉他，要求他的封面设计必须突出音乐性、时代性、时尚而又美观。在我们一次次的灵感碰撞和磨合中,《心声歌刊》第一期的封面以变形的音符为主体,兼具艺术性和音乐性。

内文的乐谱排版方式我大胆突破,改变原来一页一首歌的传统版面,而是根据歌曲篇幅的长短不同设计布局,有时一页甚至可以放下两首歌。歌曲的标题、作者署名、定调、节拍标记和表情术语也改变了以前板板正正写两行的样式。这样做,不仅让版面看起来活泼美观,而且在有限的篇幅里可以刊登更多首歌。这种新颖的排版方式后来逐渐得到了全国音乐出版界的认可,很多外省的音乐杂志也开始模仿我们的版面设计。

原来的《江西歌曲》只是刊发一些本省作者创作的歌曲简谱,《心声歌刊》则不限作者地域,只要是好作品,不管作者是江西本省的,还是外省市的,一视同仁,择优发表。除了歌曲作品,我还增设了一些纯文字类的栏目,如音乐家访谈、音乐评论、音乐百科知识、音乐故事、读者信箱等,让整体内容更丰富多样。这些栏目占杂志总篇幅的20%,剩下80%还是以刊登歌曲作品为主。我与领导协商,歌曲部分除了70%篇幅发表原创新歌,剩下10%的篇幅刊登群众喜爱的最新影视歌曲、磁带唱片歌曲,包括流行的港台歌曲。因为我觉得,原创作品固然有价值,但是当下流行的歌曲更容易得到读者的青睐。

对于原创作品我也做了比例划分，60%刊发江西作者的作品，40%刊发外省作者的作品。我知道，一本公开发行的杂志，选稿的标准应该是作品的质量，而不是地域。但在我们那个年代，地域维护基本是下意识的本能反应，我们江西省自己主办的杂志，胳膊肘还是要往里拐一点儿，多为江西作者提供一些作品展示平台，为繁荣江西的音乐创作多做一点儿贡献。

另外，发表的原创作品，也不单单是歌曲，我每期都会刊发一两首器乐曲或者轻音乐曲等。至于群众喜爱的歌曲，除了我自己根据时下的流行风尚选歌之外，还接受读者们来信点歌，大大增强了刊物与读者们的互动性。

内容改版，我是很有信心的。因为十多年来，我一直身处社会最基层，深知普通大众、特别是年轻人对音乐的需求和喜好。而我坚信，能让普通大众、年轻人喜欢的杂志，一定能赢得成功。

栏目架构定了，为了让第一期创刊号的内容更有分量，我决定刊登一篇著名音乐家的报道。当时全国都在传唱一首歌《伟大的国家伟大的党》，作曲者是部队作曲家晓河，刚好也是江西籍上饶人。得知他那时在北京，为了采访晓河，我开始了一次北上之行。

本着将每一次出行都利用到极致的原则，我印好了一大卷《心声歌刊》的征订海报，准备沿途为新刊做宣传。我先到长沙，拜访了《湘江歌声》编辑部，学习取经之后，继续北上。

1980年9月23日，我到了北京，那天恰好是中秋节。听说首都体育馆晚上有一场"新星音乐会"，由《北京晚报》社主办，主旨是"推出歌坛新人、推荐流行新歌"，参演的都是当时开始窜红的青年歌唱演员，有东方歌舞团的朱明瑛、海政文工团的苏小明、北京电影乐团的王洁实、谢莉斯，还有郑绪岚、远征……

我想办法弄到了一张门票，一进到体育馆，就被火爆的场面震撼住了，偌大的体育馆挤满上万人。比人更多的是那肆意的激情，歌声、掌声、喝彩声，几乎要将体育馆的屋顶掀翻了。

我看得激动不已，心想，"这不正是个宣传的好地方吗？这些观众不正是我的目标读者吗？"于是，演出中途我溜了出来，在体育馆的环形走廊、进场大厅，各处张贴海报，用完了提前准备好的两大瓶浆糊后，《心声歌刊》的海报已经把首都体育馆完全占满了。

如今回想起来，觉得自己还真是幸运，那样肆意乱贴乱挂也没有人干涉我，要是放在现在，怕是完全不可能了。

第二天，我到中国音乐家协会去拜访几位熟悉的老师，同时汇报《心声歌刊》明年要创刊的消息，希望能得到他们的指导意见。会员部的沈尊光老师立马说道："哎呀，我知道，我知道，昨天我在首都体育馆看到了你们《心声歌刊》的海报。"我顿时窃喜不已，海报没白贴呀！

随后，我去总政大院拜访了晓河老师，完成了采访。走之前我又去了其他几家音乐机构，还有中央人民广播电台，向老编辑们请教，得到了很多鼓励和指点。

回到南昌后，我在最后一期《江西歌曲》上发布了一则声明，宣布《江西歌曲》将从1981年起升级改版为《心声歌刊》，逢双月十日出版，由邮局向全国公开发行。

那一年，我正好35岁，人生的新征途开始启程。

其实，中年危机任何年代都有，但是真正的中年危机，不在于具体的年龄，不在于财富的多寡，也不在于职业的变迁，而在于是否有归零再起的勇气，更在于是否有继续向前的魄力。

所以，破除"35岁危机"最有效的方法就是，放下焦虑和抱怨，将宝贵的精力投入到你所热爱的事业中去，而当你全心投入、全力以赴的时候，你也终会回到属于你的希望赛道。

创造了发行量最大的奇迹

事实证明，我的创新方向是对的，精心选取的新刊名《心声歌刊》，贴在首都体育馆的宣传海报，都发挥了很大效用，邮局一开始征订，就赢得了三万多份的发行量。

如今的时代，信息泛滥，一个新事物很难在信息洪流中溅起一点儿水花，但在当年，虽然新刊遍地发芽，但基本都是老树旧叶，开不出新花。《心声歌刊》从名称和内容上都算是标新立异的，在当时的音乐界备受关注。创刊号一上市，充实的内容，新颖的排版，不负众望，赢得一片叫好。随着一期一期杂志出版问世，影响力日益扩大，开始有外地的音乐刊物同行专程来南昌，到《心声歌刊》编辑部向我们学习取经。

外省有几家杂志在我们这里学习之后，仿效我们的做法，都有了非常好的发展。比如原来的《河北歌声》，市场反响一直不佳，后来更名为《燕赵新声》，发行还是上不去。他们也来到南昌找到我，我将办刊思路和方法毫无保留地分享给他们。他们回去后，将

《燕赵新声》改名为《通俗歌曲》，发行量立刻大增，短短几年，成了全国知名的歌曲大刊。

很多人问我办刊秘诀，其实就是三个字——"接地气"。不管是写歌，还是办杂志，我的理念一直都是，音乐是抒发大众内心的声音，一首歌是否好，要看人们是否喜欢唱；一本刊物办得好坏，要看读者是否欢迎。懂得阳春白雪的高雅人士毕竟是少数，通俗的下里巴人才是众多普通人的喜好。所以，我一开始就将广大青年音乐爱好者、中小学音乐老师以及基层音乐工作者作为目标读者，"年轻"是这个群体的特征，也是《心声歌刊》的特征。而"年轻"最大的魅力就是，敢于打破陈规，追赶潮流，甚至创造潮流。

像中国音协主办的《歌曲》杂志，堪称权威，但是在选材上就有很多"清规戒律"。他们基本上都是刊发原创作品，而且入选标准也比较严苛，很少刊发当时流行的港台歌曲。而《心声歌刊》就像一位赶时髦的青年，时兴什么就刊登什么。我们选发的歌曲都上口易唱，器乐曲也选择短小通俗的曲目。当时流行的歌曲，或者热门的影视剧歌曲等，我们都会第一时间刊登，其实就像媒体要追热点一样。《心声歌刊》的每一期封底刊登的都是即将流行的歌曲。比如，那时期台湾校园歌曲就是个热门，只要发现有好听的新歌，封底就一定是它。

为了及时捕捉流行趋势，我可谓是眼观六路、耳听八方。电台、电视台、电影院、报刊、杂志、盒带、唱片等等，都是我的关注重点。发现好歌，一定要找到谱子，如果实在找不到谱子的话，我便一边听一边记谱。所以，我们当时刊登的很多歌曲都非常新颖。不少人有时候为了一首歌，而去买我们的杂志。

为了增加活泼性，除了开设回答读者问题的"读者信箱"栏目外，我还设置了一个固定的"歌迷点歌"专栏，读者来信点什么歌，《心声歌刊》就刊登什么歌，这也成了最受读者欢迎的栏目之一。基本上，只要是读者的合理要求，我都会满足。拿现在的话说，我是一个特别宠着读者的音乐编辑。

我深知动乱年代，教育停滞，大多数年轻人的文化素养并不高，因此，我设置了"音乐故事""音乐趣谈""音乐连环画""音乐文摘"等栏目。文章都短小易读，将知识性和趣味性结合，我的想法是，先吸引后引导。那时候也没有"市场""用户"这样的概念，我想的就是要满足群众的需求。正因为"接地气"，深受年轻人的欢迎，不少读者在来信中，将《心声歌刊》称为"知音""知心朋友"。

我是从业余作者走过来的，深知词曲作者的不容易，所以，我在看投稿时，不论专业、业余，不看身份来历，只看作品优劣。对老作家，开设"老作曲家的心声"专栏；对新兴的青年作家，在"江西音乐家"专栏中重点介绍；对业余作者，开设"新人新作"专栏，鼓励创作；发现有苗头的新作者，重点联系培养；对小学、幼儿园音乐老师的作品，也专门开设专栏。虽然体量可能只有两三首歌，但激励作用是巨大的，由此涌现出了大批词曲创作新秀。

九江市有一位叫罗艺峰的年轻作者，经常投稿作曲，但作曲竞争太激烈了，他写的歌也不是特别优秀，但我发现他的文笔不错，便约他写一些音乐故事或者音乐小评论之类的文章。他听了我的建议开始向这方面转变，陆续在《心声歌刊》发表了不少文章。后来全国音乐理论工作会议在江西召开，我把他借调来作为接待组的工作人员筹备会议，同时让他写了一篇论文，参加这次会。他借此机会认识了好几位音乐理论方面的国家级专家权威人士，他也意识到这也是一个天地很广阔的领域，开始朝着这个方向发展努力。后来他考取了西安音乐学院音乐理论的研究生，最后毕业留校工作，当了西安音乐学院院长，也是国内音乐理论方面的权威了。如果当初他一直继续作曲的话，也许很难熬出名堂来。

随着《心声歌刊》的影响力越来越大，我们每个月收到的来稿，就像纷纷的雪花一样涌进编辑部，信件每个月都能装满几麻袋。每次出刊前，为了突击编刊，我就扛着这些投稿和来信去周边小县城，找个招待所"闭关"一个多星期，不见任何人，不管其他事，只专心甄选作者投稿，回复读者来信，等把下一期杂志内容编排好，才"出关"回省城南昌。因为没有帮手，而且我还兼管音协其他的日常工作以及杂志出刊，时间紧，任务重，我只能集中精力打歼灭战。

《心声歌刊》发行一年多之后，编辑部终于迎来了第二位成员小徐。小伙子没有音乐方面的专业基础，也没有接触过编辑工作，但是他学习能力很强，工作也很踏实，我便手把手教他。有了小徐分担编务上的工作，我便可以腾出一些精力来实施其他构想。

首先，为了展示发表更多的歌词来稿，在小徐的配合下，我们创办了《心声词报》，以缓解大量歌词来稿的压力。作为《心声歌刊》的副刊，主要刊登歌词新作，以此让更多的词作者有展示平台，同时为作曲者提供可以谱曲的歌词新作。

因为收到的歌曲来稿非常多，但是杂志版面有限，很多优秀作品都刊登不了，我就想办法出增刊。比如发现来稿中很多儿童歌曲质量不错，我就从中精选编印了《中小幼歌曲120首》。为景德镇市作者集中编印了《景德镇新歌》专刊，为德安共青城创作出版了专刊《共青场赞歌》。

2023年6月，我去共青市旅游，发现自己40年前谱曲的《共青场青年进行曲》被抄录在共青社旧址墙上，成为旅游点一景，被展示、被教唱、被聆听、被参赛歌咏……蒋仲平作词、颂今谱曲的《共青场青年进行曲》发表至今40年了，这首励志老歌还在发挥作用，没有被人遗忘！我在网上搜了一下歌名，发现有关报道、图片、音频、视频真是不少！

那年我们还编辑出版了《心声》丛书。其中有一本《怎样为吉他配和声伴奏》，作者是江西柴油机厂文艺宣传队的指挥董其林。当时国内兴起了"吉他热"，年轻人都在学吉他，但市面上却找不到吉他教材。我知道他会弹吉他，也懂一点儿乐队编曲，便鼓动他编一本吉他教程。我帮他设定了全书的架构，由他填写文字内容。我帮他选了一些适合吉他弹奏的歌曲，请他配上吉他指法，标上和弦。经过编辑完善，很快就出版了。为此设计印刷了一张征订单，夹在最新一期《心声歌刊》里广为宣传，作者署名是"特聘吉他专家——董其林先生"，其实他就是一名有音乐特长的青年工人。但这本书是实打实的国内第一本吉他教材。出版后市场反响非常好，当时卖出了几万册。

用现在时髦的话说，我当时也是建立了一个"心声矩阵"，在这个矩阵中，给我们带来最大经济效益的就是活页歌片了。

当时，随着文化生活的活跃开放，歌坛涌现了很多流行歌曲，但是杂志篇幅有限，每期只能刊登几首，远远满足不了读者的渴求。

1984年春节，随着以张明敏、奚秀兰为代表的港台歌星登上央视春晚，一大批歌曲风靡全国。针对读者对流行歌曲资料的渴求，我便将这一年央视春晚的热门歌曲，录音记谱整理出来，汇编在一起，做成一套活页歌片。

那时候还没有录像机，电视也没有回放，为了记录春晚的歌曲，看电视的时候，我一边看一边按顺序将歌曲名字、词曲作者、演唱者用本子记下来。同时用录音机把晚会的声音从头到尾录下来，然后根据录音将歌曲逐一记词记谱子。等到来年上班后，就送到印刷厂，突击排版印刷出来，充分赶热点，时效性非常强。

活页歌片就像手风琴的风箱折页一样，拉开是一个长条，合起来就是一本64开的小书。每条正反面有16个版面，可以刊登十几首歌。每一辑包括四张活页，分为是四组不同的歌曲专辑，第一张是盒带流行歌曲，第二张是春晚歌曲，第三张是电影歌曲，第四张是电视歌曲，四张为一套。定价很便宜，五分钱一张，一套两毛钱。

随着在《心声歌刊》里夹送的征订广告单发往全国，购买活页歌片的汇款单像雪片一样飞到我们编辑部来，邮局投递员给我们送汇款单，都是一大包一大包地送。有不少汇款单一买都是十几套、几十套，甚至有的一次买几百上千套。

原本印刷厂送来的都是长条，我和小徐自己一张一张叠成小书，后来太多了，我们就请印刷厂帮我们叠好再送货，再后来加印的实在是太多了，印刷厂的人手也不够了。我想起南昌针织二厂的团委书记小李，之前宣传队的同学，便请他帮忙。他就组织他们厂团委的青年工人们帮忙，我们付给一定的酬劳。

很多大学生周末来编辑部批发，一次买几百套，再拿出去零卖，当时南昌凡是热闹的地方都有人卖活页歌片。尤其是八一礼堂，每当有演出或放映电影的时候，就有人拿着活页歌片在剧场进门处推销，几百套一下子就卖完了。听说还有的大学生，批发几百套歌片，周末坐火车运到杭州去卖，扣掉来回的路费，还能挣不少钱。有一位学生的第一台电子琴，就是靠卖活页歌片赚来的。

这一套活页歌片太受欢迎了，我们加印了60万套都供不应求。

当时省文联鼓励各单位各部门创收，实行"343政策"，即30%的收益上交省文联，40%留交本单位，30%分给操办者。所以，我们给文联和协会上缴了不少利润，领导们也对我很看重，觉得我有开拓精神，创刊的第三年将我提拔为副主编。

创刊之初，我们连办公室都没有，就两张桌子挤在音协，后来，用三合板给我们隔出了一间小办公室，编辑部才算有了个正式的家。

南昌是有名的大"火炉",夏天酷热,这种隔出来的小屋更是暑热难挨。我们便买了一台空调,这在江西省文联是独一份儿,当时单位的电压不够,还是去找供电局专门拉了一条高压线才安装上。

有人愤愤不平,说:"连文联党组书记办公室都没有安装空调,你们怎么这么狂妄?"

我底气十足地回怼道:"我们自己挣来的钱啊,又没有用公家的钱。"

到《心声歌刊》创刊第五年,发行量已递增到十万份以上,跃居全国同级音乐刊物首位。很多人以为我们这样体量的大刊,编辑部一定有十几号人。等看到我们只有一个编辑、一个编务时,都是惊讶不已。

当时,每天都是连轴转,加班加点住在编辑部都是常事,不分节假日,不分八小时内外,用现在的话说,都不是"996",而是"997"。有人问我,这么高强度,你是怎么缓解压力的?

说实话,我并没有觉得有什么压力,反而觉得自己一直处于亢奋的状态。所有的构想都可以放手去实现,而且结果都是快心遂意,算得上名利双收。

成就感带来的多巴胺驱散了疲累，每一天都是精神昂扬。

都说"世上无难事，只怕有心人"，我觉得这个"心"是本心，是真心，可以问问自己，这件事是否是你内心最想做的，是否是你真心想完成的？你在做的事，如果是自己真心想达到的，你就会竭尽全力去做好它，哪怕有任何艰难困苦。

就像杂志要想办得好，靠的是心里有读者，一心想着去满足他们最迫切的需要，而不是平庸的编排，陈旧的内容。我们所做之事，所行之路，心若不定，再小的困难都会成为退缩的理由；心若坚定，再大的挫折都会变成是成功的巨大推力。

要记得，压力来自犹疑，坚定才是动力。

没有平台自己动手搭建

虽然《心声歌刊》发表了很多优秀的原创歌曲,但是词曲谱面都是无声的,而音乐是听觉艺术,最终要靠变成声音才能传唱开来。无疑,听觉体验非常重要。所以我一直努力着,想要把杂志上无声的曲谱变成歌声传播出去。但是,省市歌舞团的歌唱家们就那么几位,他们要完成本团的演出任务,都很忙。再者,有些比较有名的歌唱家也不屑于演唱这些籍籍无名的新作品。怎么办呢?

正发愁之际,省音协副秘书长盛凤麟老师找到我,说想筹建一支歌唱团队。我顿觉柳暗花明,与盛老师一拍即合。我想完全可以依托《心声歌刊》的名气,歌队的名字就叫"心声歌队"吧,演唱曲目就从杂志上挑选。

盛老师觉得还是要演唱一些时下流行的歌曲,就像我们办刊一样,更容易吸引观众。但我觉得,这与杂志完全不同。杂志上的曲谱没有声音,同一首歌刊登在不同的刊物上,人们对比评判时看的不是歌曲本身,而是这首歌发表的时间早晚。演唱就完全不一样了,同一首歌不同的人会唱出不同的感觉，且歌手的音色、演唱技巧有时候是天壤之别。就像现在网上的情况，都是演唱同一首歌，但网红歌手往往会被专业歌手"吊打"。这种差距在任何年代都存在，所以，心声歌队若是主要唱流行歌曲，那肯定比不过那些首唱的著名歌星。

在我的劝说下，盛老师采纳了我的建议，决定以演唱《心声歌刊》发表的歌曲新作品为主。我们便开始招募队员。

与通常的"要有相关工作经验"的招聘条件要求不同，我们有"三不招"：不招老歌手、不招著名歌唱家、不招资历深的歌唱演员，只招年轻歌手。因为当时文艺复苏，那些沉寂多年的老歌唱家们重返舞台，年轻人很难有展示机会。我们想为那些在专业剧团跑龙套的年轻人提供舞台。

招人也不限专业和业余，只看能力是否能够胜任。许多学校的音乐老师、各单位的声乐爱好者，都纷纷加入。

我深知平台对词曲作者和歌者的重要性。如果当初《井冈山下种南瓜》没有被选录到《战地新歌》、没有小歌手演唱后在中央电台播放，这首歌也不可能有后来的巨大影响。我希望《心声歌刊》与心声歌队能够联手发力，成为广大词曲作者和青年歌手最好的展示平台。

我们很快就招到了四五十名热爱歌唱的年轻人。歌队组织起来后，主要有两项活动：一是演唱录音，把杂志里新发表的作品排练唱熟后拿到省广播电台去录音播出，为此电台还开办了新栏目"心声歌坛"，专门播放心声歌刊发表、心声歌队演唱的歌曲录音；第二项就是排练演出，在省文联礼堂举办《心声音乐会》。

歌队的负责人盛凤麟老师，本来就是江西著名的女高音歌唱家、有经验的声乐教授。在她的率领与精心组织下，心声歌队蒸蒸日上，一年有好多场演出，观众非常踊跃，基本都是场场爆满。

歌队大多时候是合唱，对于天分突出的演员，还会安排他们担任独唱、二重唱，让他们能有更多的施展机会，也因此培养了一批优秀歌唱人才出来。现任广州市音协主席、星海音乐学院通俗唱法权威专家罗洪教授，当年就是从心声歌队起步的。

与罗洪的认识，还拐了几道弯。我在上音作曲系的同班同学陶思耀，有次给我说，他认识的一位上海女干部想托他找一位江西籍同学，咨询一件事。原来是这位女干部熟悉的一位江西朋友，孩子喜欢唱歌，但又怕影响学习，就想找个专业人士帮助看看孩子是不是唱歌的料。陶思耀便想到了我。

我毕业回到南昌后，罗洪爸爸带着儿子来到我家。我一看，孩子个头儿挺高啊，模样也帅气周正。我让他唱一首歌，孩子一开口，那浑厚的声音，让我忍不住拍了一下大腿，"又是一个龚冬健！"我按捺住兴奋对罗洪爸爸说："你这个儿子啊，天生就是唱歌的料。他的嗓子是非常宝贵的中低音，国家非常欠缺这样的歌唱人才。"

罗洪爸爸听了我的话，开始放心让罗洪学唱歌。我马上把罗洪吸收进心声歌队里来，还专门为他量身创作了一首男低音歌曲《少年进炭棚》，辅导他独唱。

罗洪登台演出时，我把在上海淘来的一件黑西装拿给他穿上，不大不小刚合适。再配上西裤和皮鞋，一副气宇轩昂的样子。孩子乐感很好，嗓音独特，首次登台演唱的就是我为他量身定做的新作品。演出非常成功，大受欢迎。

罗洪高中毕业那年，我向中国音乐学院声乐系主任魏明泉教授推荐了他，顺利入学。再后来，与我预料的一般，罗洪成为了杰出的男低音歌唱家，取得了很多令人瞩目的成就。特别是在我的提议下，率先在音乐学院创办通俗演唱专业教学，培养出了周亮、周笔畅等众多歌坛弟子。

当时中央歌舞团谷建芬老师旗下，有一个女声二重唱，由田鸣、张西珍组成。她俩音色和谐，声音甜美，演出极受欢迎。心声歌队里也有两位女孩儿黄珊和寇梅，刚从赣南师院毕业，在南昌当音乐教师。她俩是同学，声音、形象都非常不错，我便将她们组成了二重唱组合，专门为她们写了一批歌。其中的《春天永在我们校园》和《飘着鲜花的小河》两首歌她们在电台录音播出后多次获奖，在我极力推荐下，上海唱片社请她俩赴沪灌制了唱片。这在当时是非常了不起的事情，因为在整个江西，能幸运灌制唱片的歌手数不出五个指头来。

我当时极力地向全国各地的唱片公司和音像出版社推荐江西的年轻歌手。当然，我也有私心，就是希望通过这些歌手出磁带唱片的机会，能够把自己的作品唱出来。其实，我也是受北京作曲家谷建芬、付林两位老师的启发，他们通过培养年轻歌手刘欢、毛阿敏、程琳等人，也成功带出了自己的歌曲作品。所以，我努力为年轻歌手们创造机会，其实也是为自己寻找机会。

平台对一个人的发展非常重要，甚至可以说，人的一部分价值是平台赋予的。好的平台就像好运气，能不能抓住这个好运气，还得看自己的实力。我们的能力和天赋决定了我们将来所能达到的上限，但是我们所处的平台则是我们起步的下限。就好像同样的目的地，坐高铁和坐绿皮火车相差的可不是一时半会儿。所以，如果有人愿意提供舞台给我们，一定要心怀感激，好好珍惜。

而当实力足够强大的时候，亦能自己创造平台。《心声歌刊》和心声歌队，就是我依托单位和领导们的支持，在没有平台的情况下，自己搭建的平台。

开启远程音乐教学之先河

现在网络发达，直播课堂、远程教学让人足不出户就能学到想学的知识。上个世纪 80 年代初，我们也办了个远程教学，当时取名叫"心声歌词刊授学校"。这个名字，想来年轻一代们都没有听说过，但是在当时却发挥了很大的作用，影响很大。

所谓"刊授"，就是歌刊编辑部以定期编发教材、教辅等学习资料，通过邮局寄给学员，学员自学掌握知识的一种成人远程教学形式。现在听起来非常落后，但在那个年代，刊授打破了地域限制，满足了很多未能挤进大学的人学习知识的愿望。

当时山西有本杂志叫《山西青年》，就办了一个刊授学校教写作，在全国招收了几万名学生，反响很大。那时候，江西省音协已经成立了歌词研究会，我也是理事。开会时我便说："《山西青年》的刊授学校很成功，我们的《心声歌刊》是不是也可以学习他们，办一个刊授学校，教大家如何写歌词？"

提议马上得到了大家的认可,并当即决定,由省歌词研究会和《心声歌刊》联合开办"心声歌词刊授学校",面向全国招生。刊校组织了江西省的几位词作家担任教师,大家分工编写讲义,每个人都带五十名学生,负责批改作业,写信答疑。

教学形式和其他刊校类似,每月定期向学员寄发自编的讲义和歌词创作辅导资料,还寄赠一份当期《心声》词报。学员也定期将作业和疑问写信寄给老师,老师再一一批改回复。学员的优秀作品会选登在《心声歌刊》以及《心声词报》上,还会邀请作曲家为学员优秀作品谱曲,并向其他刊物、电台、唱片社等推荐。学制为一年,分上下两学期,每学期学费为十三元,两学期共二十六元。

虽然刊授不是新事物,但歌词刊授学校却是全国首创,独此一家。对于能招多少学生一开始我们心里也没底,但随着招生简章夹在《心声歌刊》里发往全国各地,报名的信件也纷纷飞来,第一期就招收了四五百名学员。

因为是首创,没有参照,所以我和刊校的老师们也是边办学边改进。虽然我们一开始也拟定了课程讲义,后期对学员情况进行摸查之后,发现学员普遍缺乏歌词创作的基础知识,针对这一情况,我们组织大家执笔,编印了《歌词创作讲义》,并在之后的教学过程中,不断增订修改完善。根据学员不同的水平,也提供不同的教材。对有一定基础水平的学员，设置提高班，邀请著名歌词作家金波撰写《音乐文学讲义》。

同时，还编印了《歌词创作辅导资料》《歌词韵律》《儿童歌词写作50万字》。这些讲义都是我们刊授学校的老师根据自己的创作经验总结出来的，非常通俗实用，便于学员读得懂、学得懂，并能将所学知识运用到创作实践中去。

当时我们每个老师基本带50到100个左右的学生。那时没有网络，电话超级贵，根本打不起，所以老师与学员都是书信往来，每个月都要保持与学员至少有一次书信沟通。学员每个月寄来几首词，我们就要改几首。每个月老师还要写总结，即这首歌词原来是什么样，后来改成什么样，为什么要这么改，要将修改过程写成文章发表在《心声词报》上。

我当时是带了五十多个学生，每个月都给他们改歌词，工作量也是非常巨大的。办校三年，辅导教师们亲笔回复学员提问和批改学员习作的信件就达一万二千余封。

虽然辛苦，但成就感满满，有许多学员的歌词作品经过指点修改后，很快就在北京的《词刊》《歌曲》《解放军歌曲》等全国性刊物上发表了。更让人骄傲的是，从歌词刊授学校走出了一大批优秀人才，有些日后成为了享誉全国的词作家。比如《常回家看看》的词作者车行、《向天再借五百年》的作者樊孝斌，他们来刊授学校之前，都是歌词业余爱好者，在我们这里系统学习后，能力突飞猛进。

除了他们几位之外，还有一百多人都从业余词作者，变成了专业词作家，都获得了影响很大的创作成果和奖项。比如，陈步春之前是江苏省邳县一个乡村中学教师，在我们刊授学校学习之后，发表了一些好作品，不久就调到了徐州市歌舞团工作，再后来，被招进广州军区战士歌舞团创作组，成了专业词作家。

这样的例子很多，当时我们招收学员是来者不拒，不看身份、不论职业、不计年龄，只要想学，都可以报名来学。很多人在我们这里学习之后，命运都发生了改变。这些事实也证明了，心声歌词刊授学校的教学是富有成效的，老师们所有的辛苦都是非常有意义的。

后来我去广州观摩"羊城音乐花会"，拜访一位全国著名的词作家，他的代表作家喻户晓，是我非常敬重的词界前辈。我向他汇报了心声歌词刊授学校的情况，本想能得到前辈一点儿赞许和鼓励，然而他却一脸不以为然，"你们江西培养那么多词作者干嘛？"

我顿时被问住了，茫然地回道："写歌词的人不是越多越好吗？

大家都来写歌词，创作歌曲，我们的歌坛才能越来越繁荣呀！"

他皱着眉说："你们这么做有必要吗？一个省根本用不着那么多作词的。像我们广州，就我和瞿琮两个人就够了。"

我明白了他的意思，他认为一个省只需要两三位优秀的词作家就行了，根本不用去培养新人。但我还是不死心地解释说："我们不是只面向江西，我们是面向全国，培养全国的词作者。"

但他仍然很不屑，认为我们这是愚蠢："你们这样就是自己砸自己的饭碗，自己给自己培养竞争对手。"

我内心很失落，甚至还有点儿生气。一直以来，我都把他当作是一位德高望重的长辈，是我学习的榜样，但没想到他格局这么狭隘。我理解他的意思，当时一个省也就那么两三个文艺团体，比如广州市也就只有省歌舞剧院、市歌舞团，还有一个部队的战士文工团。文艺团体少，自然不需要那么多词作者，而且同行相争，所以从创作生态上来讲，他的态度也是能理解的。

但我的想法跟他完全不一样。32岁之前，我学习作词都是自己琢磨，自己感悟，没有专业的学校，没有老师指点。我深知无人引路的痛苦。如今我们创办这样一所歌词写作刊授学校，可以让爱好歌词创作的初学者少走一些弯路，让他们能尽早实现自己的音乐文学梦想。可以多培养一些作词人才，为祖国的歌词歌曲创作事业多做一些贡献。

我们办刊授学校是不赚钱的，学费低，一年二十六块钱，但老师要付出很多的时间，投入巨大心力。很多学员都将刊校引为自己排难解疑的生活益友，把他们在生活中遇到的挫折，甚至爱情上的烦恼，家庭中的纠纷都毫不避讳地向老师们写信倾诉。我们的老师也都没有辜负学员们的赤诚，所有来信都认真负责地回复，给予积极的指点和帮助。

暑假期间，我们还在庐山举办了歌词写作面授班。来自祖国四面八方的学员们欢聚一堂，师生们结下了深深的情谊。

多年以后，刊校停办。《心声歌刊》编辑部还时常收到学员来信，说"老师，我是当年刊校的学员……"

时隔三十多年后的2023年，辽宁音协主办的《新歌诗》杂志总编马强加了我的微信，他发来一条信息："吴老师，您还记得我吗？我是当年心声歌词刊授学校的学员，跟您学过写歌词。当时就是在您的指导下发表了我的第一首歌词。"

我看着这条信息，心中感慨万千，想起了记忆中的一句话："生命本身不具意义，而我们要赋予它意义。"而这些意义就在我们所行之事中。至于如何评判，虽说"一百个读者就有一百个哈姆雷特"，但万事也皆有相通性，我们可以常常问自己，做此事于自己、于他人、于社会是否能创造出属于自己的价值，而自己是否能在这其中收获真正的快乐？

意义无大小，只要有着正确的价值观。哪怕一件极小的事情，做好了，于生命而言，都是有意义的。

第七章 让自己写的歌更流行

追赶流行音乐的浪潮

3岁那年，我在黄河边的兰州城听解放军高唱"解放区的天是明朗的天，解放区的人民好喜欢……"，激昂振奋的歌声为我打开了音乐的大门；30岁这年，我在赣江边的上高县听江西作曲家贺大行偷偷哼唱邓丽君的"记得我俩初相见，风吹花儿飞满天……"，婉转轻柔的韵律为我打开了音乐的另一扇窗。

那是1976年，为纪念井冈山革命根据地建立50周年，人民音乐出版社向江西省约稿，准备出版一本井冈山颂歌集。为此，省里把几位重点词曲作家请到上高县，封闭起来集中搞歌曲创作。

有一天晚上吃完饭，我们在田野边散步，贺大行神秘地说："我之前偷听短波广播，听到澳洲广播电台播了一首爱情歌曲，特别好听，你们要不要听听？"

我们立马停下脚步，都迫切地说："要啊，要啊，你快唱！"

贺大行瞥了一眼四周，清了清嗓子，轻声唱道："记得我俩初相见，风吹花儿飞满天，你说我的爱情象花朵，比那花儿更娇艳……"

我的第一反应是，"竟然还有这样软绵绵的歌！"

当时那个年代，人们能够听到的基本上都是革命歌曲，强调"高、硬、快、响"，就是音调要高、气势要硬、节奏要快、音量要响。贺大行哼唱的这首歌，则完全相反，曲调柔美，歌词缠绵，一句句像黄昏的微风，徐徐飘过耳畔，抚进我的心里。可贺大行除了能哼唱几句之外，连歌名都不知道。

直到四年后，我去上海音乐学院读书，在同学们悄悄传着听的《宝岛情歌》磁带里又听到了这首歌。我这才知道，这首歌叫《相见在明天》，由台湾歌星邓丽君演唱。贺大行当年只是哼了几句这首歌的旋律，都觉得好听。如今听了邓丽君甜美的演唱，觉得特别动人。可惜的是，磁带只有一盘，作曲系五个年级的同学都瞪大眼睛排队等着，我也只能借来匆匆听了两遍就传给了别人。

等我1980年毕业回到南昌后，发现已经有很多年轻人穿着喇叭裤，提着日本产的录音机，大声播放着港台歌曲，在街头招摇过市。这也算是当年最时髦的打扮和音乐了，吸引了无数人的目光，他们的磁带里就有邓丽君和其他港台歌星的歌。这些歌曲虽然已经在社会上开始流行了，但是国内专业音乐界对这些歌还是持一种批评的态度，报刊上也连续发文，觉得这些歌纯属不健康的"靡靡之音"。

一直到 1981 年，我去赣州出差时，在街头突然听到广播里传出几句清纯悠扬的旋律，"走在乡间的小路上，暮归的老牛是我同伴，蓝天佩朵夕阳在胸膛，缤纷的云彩是晚霞的衣裳……"清新的歌词，让人感觉似乎田野的清风扑面而来。后来得知，是台湾校园歌曲《乡间小路》。我立即认定，这是一个新的风向。

果然，越来越多的港台流行歌曲开始进入内地，深受年轻人喜爱。我也萌发了要尝试创作流行歌曲的想法。于是，我开启了自己一贯的学习方法：多听、多学、多写。我搜集了市面上所有的流行歌曲磁带，一盒一盒地听，一遍一遍地思考，分析它们的风格特点，试着创作了自己的第一首校园歌曲《雨后清晨》。

"刚刚下过一场春雨，我来到河边的树林里，鸟儿唱着悦耳的春歌，花儿吐出芬芳的气息……"与之前力求铿锵有力不同，这首歌注重的是清新自然的校园风情。

第二年 12 月底，我去广州观摩第三届羊城音乐花会，当地的朋友带我去观看东方宾馆的音乐茶座，让我大开眼界，原来音乐会还可以这样表演！

现在的音乐茶座、音乐酒吧、音乐餐吧等随处可见，可是在上个世纪 80 年代初，音乐茶座对普通老百姓来说，是闻所未闻、遥不可及的。作为一家涉外接待宾馆，为了给参加广交会的外宾提供休闲娱乐，东方宾馆开设了新中国第一家音乐茶座。当时一张电影票才两三毛钱，而音乐茶座的门票却要好几块钱。而且光有人民币也不行，要用外汇券买门票，不是港澳同胞与外宾，没有护照也进不去。

我和其他参会的几位代表都对音乐茶座十分好奇。广东词作家杨度便找了乐队的熟人交涉，让我们以音乐期刊记者考察采访的名义，进场站在观众席后面的过道上听一会儿。

音乐茶座设在一间大宴会厅，场内灯光幽暗，只有中心的圆形舞台上灯光绚丽，四周茶桌上只有烛光点点。仅是这样的场地安排就让我非常意外，以前我看过的音乐厅、剧院等所有的演出，都是舞台设在正前方，观众整齐地坐在下面一排排的观众席。而音乐茶座却是一张张小茶桌围绕着舞台，观众坐在小茶桌旁，边听歌边喝茶品尝糕点，非常轻松悠闲。

看到舞台上的演出场景，我又瞪大了眼睛。之前我们看过的所有演出都是千篇一律的程序，先是报幕员出来报幕，说："下面由某某某演唱某某歌曲。"然后演员登台开始演唱。大一点儿的演出，会有一个管弦乐队或者民族乐队伴奏，小型音乐会就是一台钢琴或者是一架手风琴伴奏，演员在台上站得笔直，整个演唱过程不能随意动作,更不能走动。大家开玩笑叫演员的表演姿势是"一炷香",就像是点燃了一炷香那样立在那儿不动。

音乐茶座则完全不同,没有主持人,演员自己介绍自己,在唱歌的时候,不仅有很多肢体动作,在台上走来走去,还跟观众们打招呼互动。"我唱得好不好呀?""给点儿掌声啊"等等,在电声乐队的烘托下,现场气氛十分火热。我们当时站在大厅最后面角落进门的位置,但也被感染得激情澎湃,心潮涌动。只觉得心跳加快,脸颊发烫。

歌手们唱的都是当时港台磁带里播放的流行歌曲,还翻唱了几首日本歌。我们听了十几分钟就被请出来了,但激动且惊喜的心情久久难忘。

在我此前的文艺概念里,"一首歌就是一堂政治课",歌曲是用来鼓舞革命斗志的。但音乐茶座让我发现,音乐也可以用于娱乐与消遣享受。

回到南昌后,我对在广州"惊鸿一瞥"的音乐茶座仍是念念不忘。当时刚过完春节,江西省博物馆的美术设计师娄山找到我说,南昌最大的东方红餐厅,想利用过完春节的营业淡季尝试搞一点儿表演或者其他什么形式来创收。我一听就想到了广州的音乐茶座,兴奋地跟他讲广州的所见所闻，茶座演出的各种细节，用现在的流行语就是，极力"安利"他。娄山便带我去见了东方红餐厅的经理。听了我的构想后，经理当即就拍了板，带我们看场地，开始筹备音乐茶座演出事宜。

有东方宾馆的音乐茶座做样板，我也要组建一支新潮的电声乐队，吉他、贝斯、电子琴、爵士鼓这类时兴的乐器自然要有，还要找一批流行歌曲唱得好的歌手。为此，我满城撒网，很顺利就找到了一批热爱流行音乐的年轻人，专业的、业余的都有，组成了演出班底，取名"春之声"轻音乐队。

首场演出定在元宵节晚上，门票3毛钱一张，送一杯茶外加一碟小点心。演出两个小时，我们准备了二十几首曲目，有时下最流行的歌曲，也有我创作的流行歌曲。针织内衣厂团委的李同学还给乐队每人赞助了一套演出服，我设计了Logo，以五线谱的彩色线条为底，再绣上"春之声"三个字，当作乐队的队服。演出前仅有的宣传，就是在东方红餐厅门前放了张演出海报，消息一传十，十传百，当晚演出还未开始，座席就已经爆满。这是江西破天荒第一次在非剧场举办的轻音乐演出，轰动了整个南昌市。

此后每晚演出场场爆满，场地的桌椅也是一加再加，原本四人一桌，后来七八个人挤一桌，放不下桌子，就单加凳子，一个宴会厅挤得满满当当。队员们也很兴奋，不仅可以当众高唱流行歌曲，自我价值获得了极大满足，而且每次演出都能分到几块钱。这可是一笔不少的收入，要知道，那时候大多数人的工资每个月也就三十几块钱。

尽管音乐茶座不久后就被迫停演，却被视为江西"音乐文化开放的首次尝试"，影响很大。从那时候开始，越来越多的港台流行歌曲传到内地，1984年的春节联欢晚会上，张明敏一首《我的中国心》更是掀起了流行音乐的浪潮。我也投入了更多的热情到流行音乐的创作当中，继《雨后清晨》之后，又创作了《童年的校园》《雨中追忆》等许多校园歌曲。同时，社会的开放和包容也让我有了第一次跟外国友人合作的机会。

那是1986年，江西铸锻厂的一位小青年刘克清找到我说："吴老师，江西师范大学外语系有一位加拿大籍的英语老师叫伊拉克恩，知道您是词曲作家，非常想认识您。"他还说，伊拉克恩是美国乡村歌手，虽然不认识五线谱，但钢琴弹得非常好，这让我极为好奇。

见面后，有小刘当翻译，我们聊得很投机。伊拉克恩回去后，还和刘克清合写了一篇介绍我音乐创作经历的英文报道文章《儿童歌曲从他的笔下流出》，在《中国日报》上发表了。

之后，我们常在一起探讨音乐，还共同创作了一首歌《红枫叶红杜鹃》。红杜鹃是江西的花，红枫叶是加拿大的，歌颂的是中加友谊。凭借这首歌，省青联和江西师范学院联合举办了一场"友谊之声"音乐会，在江西师范学院的大礼堂里举行。

演出那天，全校轰动，人潮汹涌，场面一度失控，大礼堂的玻璃门都被挤碎了。电台、电视台都来现场转播。当我和伊拉克恩最后一起登台，手拉手唱起《红枫叶红杜鹃》时，每个人的情绪也被音乐燃爆，现场气氛到了顶点。

这是江西第一次与外国人合作搞演出，这在改革开放以前是很难想象的。我不禁感叹，真的是社会越开放，艺术越繁荣。

一位美国学者说过："只懂一个国家的人，不懂任何国家。"这句话放在音乐创作领域也同样适用："只懂一种音乐的人，不懂任何音乐。"简单来说就是，我们每个人都容易陷入自己熟知、擅长的领域，而变得狭隘、骄傲甚至自满，却不自知。就像某些音乐学院的老教授们看来，流行歌曲是不入流的通俗音乐，意大利美声唱法才是音乐的高级形态。

用现在流行的话解释就是，我们每个人身边都充满了"次元壁"，不同文化之间有壁垒，不同群体之间有障碍。如何破除"次元壁"

呢？也很简单，保持开放。

社会保持开放，才能繁荣昌盛；个人保持开放，才能成长进步。我从来不定义自己是哪类音乐的创作者，民族的、流行的、艺术的、美声的，只要我认为是好的，统统接收学习。我觉得自己就像一块干爽的海绵，需要贪婪地吸收各种知识。正是这种开放的心态，让我能不断地突破自我，并在创作上一直保持着多元化的充沛能量。

美国学者的那句话也可以放在每个人身上："只懂自己的人，不懂任何人（包括自己）。"所以，保持开放也应该是每个人应该持有的心态，破除自己的偏见，用开放的心态拥抱外界。现在年轻人常常感叹，如今这个世界变化太快，一不小心就被淘汰。可是，每个时代的变化都是飞速的，从当年我们偷听邓丽君，到大街小巷播放流行歌曲，也不过短短几年时间。而要想不被时代的浪潮淘汰出局，就必须保持开放的姿态，不断去拥抱变化。

电影《后会无期》里有句台词："你连世界都没观过，哪来的世界观？"人生也是一样，以开放的心态，去面对大千世界，你就会发现，生活有着无限多种的可能。

用写歌滋养孩子们的心灵

我从来不定义自己的创作风格,也从来不局限作品受众,所以我的创作一直是两条腿走路,既写成人歌曲,也一直坚持写儿童歌曲,尤其是幼儿歌曲的创作。以前我觉得儿童歌曲领域关注的人少,我钻研其中更容易出成绩,女儿的到来,让我开始以父亲的角度去思考儿童歌曲。以前的儿童歌曲侧重的还是教育功能,后来我更希望孩子们能够在我谱写的音乐中得到美好和快乐。

有一个周末我去八一保育院接小女儿丹丹回家,老师听说我是音乐家协会的,便对我说:"能不能帮我们写几首幼儿歌曲?我们幼儿园小班的孩子们没有歌可唱。"

孩子的老师发话了,我当然必须答应下来。可写什么内容呢?一时没有找到突破口。这天下午,我让女儿坐在自己膝盖上玩儿游戏,我握住她的一只小手,让她用另外一只手指着鼻子。我用手拍一下她的手,说"眼睛",她就得马上指眼睛,我说"耳朵",她就得马上指耳朵。游戏虽然简单,女儿却很喜欢玩儿。我看着女儿的笑脸，突然灵机一动，这不就是一首歌吗？

随后我便根据这个游戏写成了歌词，"小手拍拍，小手拍拍，手指伸出来，手指伸出来，眼睛在哪里？眼睛在这里，用手指出来，……"谱上曲子后，取名叫《小手拍拍》。这首歌简单易学易唱，幼儿园老师非常喜欢，它结合了低龄幼儿的认知游戏，孩子们边唱边玩儿，很是开心。

给孩子们写歌，灵感自然来源于孩子。之后我写的《走啊走》，也是女儿给我的启发。那是一个星期天，家里来了客人，我们坐着聊天的时候，女儿和邻居小伙伴在房间里不停地窜来窜去，边跑边笑，闹个不停。我叫住女儿："我在跟叔叔说话，你们闹什么呀？"女儿笑着说："我们在学老爷爷走路呀！"说着还背起双手，弯着腰给我演示。

我一看确实像模像样，脑海中也一亮，小孩子喜欢模仿大人，可以将这写成歌呀。于是便有了这首《走呀走》："老爷爷怎样走？弯着腰来背着手，走呀走呀走呀走，一步一步慢慢走；运动员怎样走？挺着胸膛抬着头，走呀走呀走呀走，一二一二大步走……"

后来，我把这两首歌寄到中央人民广播电台的《小喇叭》节目，很快就录音播出了，随后成为了全国各地幼儿园小班的必唱歌曲。从内容上看，的确非常简单，但是因为它源于生活，贴近孩子，反而生命力是持续不断的。虽然时代在变，但每个孩子的成长轨迹不变，那个童真简单的时光不变。所以，在四十多年后的今天，仍有很多孩子在快乐地唱着"小手拍拍"，在开心地学着"走呀走"。而我每次听到这两首歌的时候，总会想起心爱的小女儿坐在膝头与我一起嬉笑，心中的暖意也跟着一拍一拍地荡漾开来。

除了富有儿童情趣的幼儿歌曲，我还想给孩子们创造更多形式的音乐享受。我从古今中外的经典音乐作品中汲取灵感，填词改编，比如将贝多芬的《命运交响乐》、柴可夫斯基的《四小天鹅》、舒曼的《快乐的农夫》等都填词后编成了儿歌，让孩子们欢唱之余还能够感受到经典名曲的美妙。另外，我也将一些中国传统民间童谣，比如《小老鼠上灯台》《外婆桥》《孙悟空打妖怪》等谱上曲子，让单调的念谣变成了好听的歌，让孩子们更加喜欢，更容易传开。

那时候儿童类的表演节目非常少，我便向中国儿童音乐创作的鼻祖黎锦晖前辈学习，和词作家千红一起创作童话歌舞剧。

千红那时在南昌市群众艺术馆工作，热衷于儿童歌词创作。他家离省文联很近，我每天中午在食堂打了饭，就带去他家吃，边吃边跟他谈创作。每天的午饭时间，都被我们变成了儿童音乐创作讨论会，而且一开就是三年多。在这三年多时间里，我们合作了很多儿童音乐作品，有一首《春风春风暖我家》还获得了全国儿童歌曲创作的大奖。更重要的是，我们一起创作了《美妙的小音符》《七棵小果树》等童话歌舞剧。不仅南昌很多学校排练演出，我们还投稿到电台与其他杂志，通过"小喇叭"广播，在全国掀起了一股儿童歌舞剧热潮。

我一直觉得，作为一个从音乐学院毕业的专业作曲家，为孩子们写歌是义不容辞的责任。尤其是有了女儿后，我更是觉得优秀的儿童歌曲是可以为千千万万的下一代服务的，甚至比成人歌曲更有意义。尤其是有一次，我随团省委去少管所教那些失足孩子唱歌后，更坚定了我创作儿童歌曲的信念。

那是1982年，我当选了省青年联合会的常委。省青联准备组织我们这一届常委去江西进贤县少管所看望失足青少年。我是搞音乐的，觉得有责任为这些孩子们写歌。于是，启程之前我创作了《小雁快飞向远方》和《我们的明天充满希望》两首歌，歌词都是充满鼓励和希望的寄语。我和同去的一位声乐老师约好，第一首由她登台表演，第二首由我在现场教孩子们学唱。但省青联和少管所的领导们都有点儿担心，万一孩子们学不会，或者不好好学而起哄怎么办？

我说："没问题，我的歌，词曲都非常简单，保证他们能学会，而且歌曲的内容我想他们会爱唱的。"说着我现场跟他们哼唱了几句:"告别了昨日的黑暗彷徨,迎着那朝霞纵情歌唱……"很简单、很励志的一首短歌。

场地是在少管所的露天操场。现场看去,大约有几百人。坐在第一排的是警察,警察后面是几排女孩儿,女孩儿后面是十几排男孩儿,大概是怕孩子们闹事,男女中间夹坐着一排警察。我看着那些稚嫩但木然的脸,心里涌起了一阵难过之情。

女声独唱《小雁快飞向远方》表演时,台下十分安静。看得出来,温暖而又带着安慰鼓励的歌声深深吸引了台下所有观众。轮到我上台时,一位老师为我拉手风琴伴奏,我先示范唱了一遍,然后一句一句地教孩子们唱。刚开始我还是有点儿紧张,但这些孩子非常聪明,学得也很认真。一遍教完,我也进入了状态,等教到第三遍时,他们就完全学会了。而且他们在唱歌时,脸上一扫之前的漠然,洋溢出少年应有的神采。在那一刻,我的眼睛都有些湿润,觉得这首歌教得太值得了。

后来这首歌还传到了其他省的少管所,外省不少劳改系统的报刊也刊登了这首歌。我没有拿稿费,完全是公益的,但心里非常高兴,孩子们眼中闪烁的光,是对我最高的奖赏。

当我回首过往,常常感激童年和少年时代遇到了诸多良师。因为他们的教导和指引，我才找到了人生方向。如今，我也有了为人师表的资格，我也希望自己能像当年的老师们一样，给孩子们带去积极的正能量。所以除了为孩子们写歌，每个星期天我都会去南昌市少年宫教孩子们唱歌。当年在银川学唱歌的小小少年，也成了教唱歌的老师。

一个人的力量还是有限的，我借助《心声歌刊》编辑部，又团结了一批有志于儿童音乐创作的江西作者。那几年大家都很努力，得了不少全国大奖，让外省同行刮目相看。虽然江西在经济方面有些落后，但是在儿童音乐创作方面，甚至超过了上海，排在了全国的前列。

为此，我们这些屡屡全国获奖的儿童音乐作者还受到了江西省委万绍芬书记的专门接见与表彰。

我热衷于儿童音乐创作，这其中还有一个重要原因，那就是儿歌创作其实是一片蓝海。在成人歌曲创作领域，名家权威人士比较多，竞争比较激烈，但儿童歌曲被有些人认为是"小儿科"，愿意去写的专业词曲作家不是太多，竞争也就相对没有那么激烈。另外，在歌曲的演唱呈现方面，儿童歌曲不像成人歌曲那么偏重歌唱家的水平与名气，哪里的孩子演唱录音，效果都差不多。对于地处江西革命老区的我们，影响不会太大，更容易出成果。

但是实际上，真正想把儿童歌曲写好，花的功力可能比创作成人歌曲更多。就像儿科医生更难做，因为孩子不会主诉，病情全靠医生判断。儿童音乐创作也是一样，儿童的音域比成人窄，作曲受限制更多，再加上儿童的认知发育的局限，等等，创作就像带着手铐与脚镣跳舞，负重累累，难度自然更大。

世界上，没有一件事是轻而易举的，要想做好都需要投入心力与努力；同样的，也没有一件事是难于登天的，只要聚焦力量，分毫析厘，复杂的事情也会变得简单。

简单的事情，复杂做；复杂的事情，简单做。创作如此，人生亦如此。

还有更重要的一点，不要小看简单，简单也意义非凡。

为啥放弃去北京发展的机会

1983年9月的一天,北京《歌曲》编辑部的冯世全老师火急火燎地闯进了我们办公室,"颂今,'东北二王特大杀人案'你知道吧?现在武警文工团正在筹备一台专题晚会,要沿着'二王'的逃亡路线采风,创作一组歌曲演出用,您快跟我们走,帮忙创作。"

我说:"行啊,那我把手头工作处理一下,明天跟你们走。"

"不行,不行,车现在就在门口等着,立刻就得走。"他说着就拉着我要走。

我说:"那我得回家和家人说一声,拿一些洗漱用品啊。"

"不要,不要了,现在就走,让你们办公室里的同事跟家里说一声。"说着就像绑架似的把我拉上了他们的车。

同行的还有北京战友歌舞团写过《长征组歌》的作曲家生茂、武警文工团创作组的组长黄政,以及两位年轻的词作家甲丁和乔方。他俩算是"词二代"了,甲丁是《学习雷锋好榜样》的词作家洪源老师的儿子,乔方是写出《我的祖国》《让我们荡起双桨》的歌词大家乔羽的儿子。

我们一行人从南昌出发沿着二王逃窜路线，经过抚州到广昌县，沿路搜集素材，最后到达击毙"二王"的一片山林。十天左右的时间，我写了二三十首作品。生茂是我非常崇拜的作曲家，所以我当时创作激情特别高涨，每天都在不停地写，写完马上向他请教，生茂老师给我的词谱了好几首曲子。文工团的领导非常满意这批作品，尤其对我创作的速度之快、产量之高、质量之好非常赞赏。

他们返回北京后没几天，黄政便打电话邀我去北京，把这些作品再做一些加工润色，另外再创作几首新歌。

由于时间紧迫，我坐了人生第一趟飞机。在文工团待了十天左右，除了写武警相关题材的歌曲，还创作了一些边防兵、消防兵、边防检查站等不同兵种的歌曲。

我在创作时，不再写原来那种口号式的英雄颂歌，而是抓住感人细节来传递感情。比如我创作的《竹林的故事》，就是写一个武警战士埋伏在丛林里抓坏人时候牺牲的故事。这些作品深受好评，后来武警文工团访问朝鲜时还演唱了这首歌。

那一年，我38岁，正处于创作旺盛时期。当时虽然是《心声歌刊》

副主编，但是为了避嫌，虽然是"近水楼台"，也不能"先得月"，控制自己一年只能发表一两首作品。所以那时我只要逮到一个创作机会，就能调动出最大的激情，短期产出大量新歌。

后来，专题晚会完美落幕。因为武警文工团的领导对我非常满意，不久之后，创作组长黄政又来电话，邀请我去北京协助创作。

这次时间充裕，我坐了十多个小时火车到了北京。下火车时已是晚上七点，又冷又饿就想找个地方吃饭，我想，前门大街是北京最繁华的商业区，应该还有饭馆营业。

可那是改革开放之初的 80 年代，餐饮行业远没有现在发达。等我坐公交赶到的时候，整个前门大街的饭馆都在扫地擦桌子，准备关门了。我只好赶到他们给我安排在动物园附近的展览馆招待所，想着能去商店买点儿饼干面包之类的充饥，哪知道到了之后附近黑灯瞎火一片。招待所也没有吃的，我只得问同房间的舍友，有没有吃的？

舍友叫刘振球，是来自湖南的作曲家，他说："只有一个心里美萝卜，你吃不吃啊？"

那个萝卜放在暖气片上。我快饿昏了，顾不上其他，拿起来就啃。不成想，那个生萝卜在肚子里作怪了一晚上。我烧心反胃被折磨得一宿也没睡好，扛到天亮，才上街买了煎饼果子狼吞虎咽下去，胃才终于好受了一些。然后我想给家里寄一封信报平安，谁知找了很远也没找到一个邮筒。那时已是冬天，北京的天很冷，武警部队的伙食每顿只有一碗烩菜，两个杂粮馒头，作为一个南方人，实在是吃不惯。

就在我想着什么时候能回南昌的时候，文工团领导问我，愿不愿意入伍留下来？还给我找了套武警的军服让我试穿。

对于北京，我一直是有想留下的愿望的。当年报考北京舞蹈学校、中国音乐学院的时候，都曾幻想过留在北京，可是都没能如愿。如今机会真的降临了，我却犹豫起来。

这次来北京，着实不大顺利。武警部队的饮食也不太习惯，尤其是周边连个邮筒都找不到。我搞创作是需要经常投稿的，邮局是我的重要去处。

我把这里的情况在电话里跟妻子说了一遍，她一听顿顿杂粮窝头，当即就否定了。妻子是个比我还纯粹的南方人，每餐都离不开大米饭。妻子的反对让我内心更加动摇，但我还是有点儿不舍，套上了那套警服，照照镜子。可镜子里的自己看着好别扭，这套军服穿在我身上显得不伦不类，戴着大盖帽简直有点儿滑稽，心里的那点儿不舍也瞬间消失了。

后来有人说我失去了一次好机会，目光太短浅。环境不适应、生活不习惯都是可以慢慢改变的，但是武警文工团创作组这个位置，失去了就永远失去了。

但我觉得，很多时候人的选择并不能简单地去量化，遵从自己的内心更重要，要清楚自己内心真正想要的是什么。

十多年前，我想留在北京，因为我觉得在北京天地会更广阔，机会更多，能更好地实现音乐的梦想。十多年后，我在江西已经取得了一定的成就，我想要的是更大更自由的发展机会，创造更高的音乐成就。武警文工团虽然听起来不错，但这里的创作肯定是要受到诸多限制的，我只能按照团里需要的题材范围创作。我也许能成为一个不错的部队作曲家，但一定不会成为我想成为的作曲家。也许正是因为这点，我才觉得那套警服大盖帽穿戴着别扭。

所以，当你纠结的时候，一定要好好问问自己，做这个选择是否感觉内心舒畅，是否感觉心底踏实？若不是，那一定要再慎重地掂量。

因为，只有这个选择是你迫切想要的，才会有足够的勇气去承受前路上的困难与挫折，才会有足够的心力坚持下去，收获你所期望的成果。

斜杠青年试水音像圈

听闻现在用头戴式耳机听音乐又成了千禧年轻人的时髦装扮，据说，这样的耳机不管是戴在头上还是挂在脖子上，都透露着音乐达人的随性酷感，很能吸引目光。我虽对如今的时尚不是很了解，但也明白吸引目光的是那些"Cool Guy"们通过耳机展露出的音乐达人气质。我们年轻的时候，也有这样的"Cool Guy"，只不过没有精巧的耳机，而是提着有些笨重的盒带录音机招摇过市。

那还是三十多年前，80年代初的时候，电视机仍然是个昂贵的物件，靠两根天线收到的电视台也少得可怜，所以集收音、录音、放音一体的卡式录音机成为当时文娱生活的主要器材。只要手拎着录音机的小伙儿出现在街头，他就是"那条街最靓的仔"，年轻人都会自动向他靠拢，交换磁带，讨论时下最流行的新歌。

我也是从那个时候开始，有意识地接触唱片盒带领域，尝试自己录磁带的。

校园歌手谭耀军，是我最先找来录音的，他是我在为东方红音乐茶座组队时发现的。当时没有条件进专业的录音棚，就找一盘空白磁带，让他对着录音机唱。我给他写了二十多首歌，录了好几盘磁带，然后出差时带到北京、上海、广州音像出版机构推荐。

后来南昌市越剧团的小生演员汪红波、庐山中学的王艳，还有从少年宫合唱团长大的燕红燕军、黄连黄甜等人，只要我觉得有歌唱天赋，都给她们写了歌，试唱录成磁带，四处投稿。

这也是我当年在北京看了新星音乐会之后受到的启发。当时音乐会上的原创歌曲有很多都是谷建芬创作的，演唱这些歌曲的也都是她的学生。我就想，自己也应该在江西挖掘培养一批歌手，既能够帮助他们在歌坛成才，也能带出自己创作的歌曲作品。短短几年，谭耀军、汪红波、王艳、燕红燕军、黄连黄甜等人陆续都受到了唱片公司的赏识，先后在广州、北京、上海录制出版了自己的独唱专辑磁带，也采用了我的不少作品。

我真正意义上自己策划编辑的磁带，是旅游歌曲专辑《庐山美》和《庐山恋歌》。

我出生在庐山脚下的九江，也多次去庐山旅游。这座名山不仅风景优美，也承载了我很多美好的回忆，我也写了很多赞美庐山风光的歌。恰好那几年旅游业开始兴起，便想着将这批作品变成声音。我联系了北京的中国旅游出版社，把歌拿给他们，出版社回复说："你们这些作品都很好，我们可以给你出版，但是你们自己要包销一万盒。"

出版社报的价是 4 块钱一盒，一万盒就需要拿出 4 万块钱，这对我来说是个天文数字。正发愁时，我想起《心声歌刊》刊授学校的学员王耀洲是庐山农工商公司的党委书记，就联系他，跟他说了我的想法，"这些歌都是歌唱庐山的，可以作为庐山旅游的宣传歌曲，出版后可以当作旅游纪念品来销售，既能宣传庐山，又能创收。"

王书记原本就对我有所了解，听我说完，便拍板同意了，"可以啊，钱我们投，磁带拿到庐山卖。"

资金解决了，跟中国旅游出版社签订了合同。我除了自己的作品外，还组织了省里一些主要的词曲作家创作了一批歌，从中选定了 16 首，请了当时有名的歌唱家蒋大为、李谷一、李元华等人演唱录音。

正在这个时候，广州白天鹅影音公司的一位女代表找到我说："你们这个磁带不要给中国旅游出版社，给我们白天鹅影音公司吧，我们只需要三万五，做得一定比他们还好。"

我当时还挺高兴的，有公司来争着要出版我这批歌曲，说明它们还是很有价值的，可中国旅游出版社的合同已经签了，怎么办呢？她见我左右为难，就说道："你再组织大家写一批歌，做两盘嘛，北京出一盘，广州出一盘。"

我一想也是好事，便又跟王书记说了。王书记也很爽快，追加了三万五的投资。我便又组织了一批作品，也是16首。中国旅游出版社发行的那盒叫《庐山美》，广州白天鹅发行的这盒叫《庐山恋歌》。我们还配合磁带出了一张活页歌片，并设计了一张庐山导游图印在上面。这在当时都是很创新的做法，那时候还没有导游图这一概念，庐山导游图算是全国头一份儿。

磁带出版后，一部分在庐山卖，一部分放在当时南昌最大的商场百货大楼卖。百货大楼在一楼入口的大厅中央把磁带堆成了一座小山。我每天上下班都会经过那里，看着小山堆一天天越来越矮，不到一个月全部卖完。省里音乐界对此也很称赞，都说我做了一件好事，把大家的作品变成了声音，还出版了当时最时髦的录音磁带。

广州白天鹅公司也很满意，《庐山恋歌》是他们公司成立以后出品的第一盒原创歌曲音带。之后我又向他们推荐了谭耀军，帮他们给谭耀军策划了三盒专辑。白天鹅当时还没有音乐编辑，我一下子帮他们编出了这么多节目，他们非常高兴。

还有重要的一点是，白天鹅只是一家合资的磁带生产加工厂。他们想出版任何节目都需要上报中国文联出版社审批，拿到版号后才能出版。他们发现，我策划编辑的节目，审批都非常顺利。因此，他们非常器重我，想把我调到广州工作。

为此，他们给我找了一个接受单位，是白天鹅隔壁的广东省民族歌舞团。他们要我去那里工作，同时帮他们操办唱片的事。我本来还有些期待，想着歌舞团总会有几位歌唱演员，我可以给他们写歌，但一了解才发现，这个民族歌舞团主要是以舞蹈为主，没有什么著名的歌手。而我对舞蹈音乐既不擅长，也不太感兴趣，我更愿意创作歌曲，便没有答应白天鹅的邀请。

虽然我没去成白天鹅，但这两盒磁带的录音过程，我是全程参加的，从中学习到了很多技能。我还发现，当时中国旅游出版社收我们4万块，白天鹅收我们三万五，我们还感激不已，其实人家是赚得盆满钵满。他们投入的成本其实很少。即便是给蒋大为、李谷一这样的著名歌手，唱一首歌的酬劳才200块钱。盒带加工与出版发行费一盒都只有一块多，这样一算，4万块他们至少挣了一半。

从这次合作，我也看到音像行业的繁荣和影响力，开始不满足只当一个纸上谈兵的歌刊编辑。希望自己成为一名唱片编辑，让我创作的歌曲、制作的节目被更多的人听到。

我一直认为，音乐只有从谱纸上的音符转化为听得见的声音，才能具备真正打动人心的力量。可歌刊编辑发表的都是乐谱，歌曲只能供人读谱而听不到声音。但是如果做成磁带，就完全不一样了，全国音像制品发行量巨大，听众以几万几十万起步，多的甚至高达几百万，传播量惊人，想想都叫人动心。

想到，就要做到。我开始积极与各大音像公司寻求合作，为他们推荐歌手新人，策划一些畅销选题……在我不断的努力下，我四十岁那年，终于迎来了人生的新机遇。

现在都说未来是"斜杠青年"的天下。我作为过来人，"斜杠青年"能不能掌控天下不知道，但掌控自己的人生，探索生命的更多可能是有把握的。对我来说，成为"斜杠青年"，拥有多重职业身份也是自己一直以来的目标。在创作上，不局限于某一题材、某一类型、多条腿走路。在创作领域，我是词作家/作曲家；在创作之外，我还要再加一个斜杠，想成为音乐制作人。

我觉得，"斜杠青年"不仅仅是个人的能力的体现，更是一种人生态度，是不满足现状、不停下学习、不止步探索，是一种昂扬的、积极的生活态度。

那么，如何成为"斜杠青年"呢？

我的经验是，在自己喜欢的领域，先纵向找准一个点，集中力量突破，最好能在这个点上取得一定成绩。然后，围绕这个点，横向扩展。这时，你前期积累的成绩会给你带来影响力和能量，会给你在拓展的时候带来资源和机会。你这时要做的就是，抓住机会。

40岁之前，我完成了"斜杠青年"的第一步，在创作领域已经积蓄了一定的影响力；40岁之后，我已做好向外扩展的准备。

"斜杠青年"不是一蹴而成的，除了努力外，更要学会与时间做朋友。要相信，你如何对待时间，时间也将如何回报你。

第八章 四十岁重打锣鼓新开张

面临 40 岁的职场瓶颈

都说40岁是职场瓶颈高发期，甚至将40岁称为职场"生死线"。意思是面对40岁的中年危机，跨过去了，将迎来职业第二春；若跨不过去，也许职业生涯就顶到了天花板。

我年届40岁的时候，也迎来了"生死线"的考验。

首先，就好像爬山一样，我感觉在江西的音乐圈我已经爬到了山顶。年龄上，大家都叫我"小吴"，我算是江西音乐界、文化界的年轻一辈。业务上，也取得了很多有分量的成果，所以即便是前辈专家们，对我这个"小吴"也是刮目相看。社会影响方面，也被评为了有突出贡献的中青年知识分子，当选为江西省青年联合会的常委等荣誉。

但之所以感觉已登上了山顶，主要原因是，江西这座山不够高。即使在今天，江西省的发展也无法与北上广等一线城市比肩。而在三十多年前，各方面发展就更落后了。这一点，在音乐文化方面表现得尤为明显。

观念上，江西作为革命老区，因为传统和地域的原因，有些保守固化。当时对省里的音乐家，在创作题材方面多有限制。即使改革开放带来一些改变，但对新事物的接受程度仍然比不上周边几个沿海省。东方红餐厅的音乐茶座成效如此之好，可也只办了一个多月，就遭到打压被紧急叫停了。我还因此差点儿被审查。

硬件上，江西当时只有一个录音棚，归属江西人民广播电台文艺部，使用的还是60年代的老设备，只能单声道录音，连立体声都做不到。

人才上，江西为全国所知名的歌唱家只有罗德成、马存岚等寥寥几位，而且局限于擅长演唱江西民歌。其余的中青年歌唱演员，走出省外基本上无人知晓。

音乐作品想要广为流传，首先要借助歌手的传播。尤其是在成人歌曲方面，歌手的知名度甚至直接决定了作品的知名度。像我在上海音乐学院时期创作的《四化花开幸福来》，因为是著名歌唱家朱逢博演唱的，所以很快就在全国流传开了。如果换做是江西的歌手来首唱，恐怕就不会有这样的影响力。

传播上，江西也缺乏全国性的媒体。虽说《心声歌刊》影响很大，但毕竟是纸媒，音乐更需要的是声音的传播。当时只有江西人民广播电台和没有上星的江西电视台两大声画媒体，收视群体基本都是本省观众，很难辐射到全国去。

所以，如果我想继续突破，取得更大的成绩，就要突破这些客观环境上的种种限制。

其次，也是我最压抑的一点，就是不时受到排挤和打压。曹丕在《典论》中说："文人相轻，自古而然。"意思大概就是指文人之间相互看不起，算是文人的"职业病"吧。而我当时呢，因为年纪轻，作品成果多，获奖荣誉高，无形之中就引起了某些同行们的妒忌。尤其是我的顶头上司申老师对我态度的转变，让我非常伤心。

申老师也算是我的恩师。我还在铸锻厂当工人时，就对我很欣赏，给了我很多帮助，说起来我能走到今天，也有他的一份助力。所以，我一直对他都是充满感激和敬重。可随着我这几年创作成果越来越多，申老师对我的态度也发生了微妙的变化。

以前他总是鼓励我创作，现在不仅规定我不能在《心声歌刊》上多发表作品，就连在其他刊物上发表作品多了也会被他批评。当时我的歌曲创作似乎井喷一般，向全国各地的音乐图书报刊投稿比较多，传达室每个月都有寄给我的十几张稿费汇款单。当时词曲稿费标准很低，每单也就是一两块、三五块钱，虽然看着汇款单不少，加起来也不过十来二十块钱。

得知这个情况，申老师约谈了我，教育我要注意"收敛"，防止"资产阶级名利思想侵蚀"。这在当时可是个大罪名，让我感觉非常委屈，因为我这些作品都是靠节假日休息与平时晚上加班加点创作的，丝毫没有占用工作时间，也没有影响正常的编辑工作。

但我还是要感谢给自己提意见的人，他使我成熟；感谢给自己造成困境的人，他使我更加坚强。

虽然申老师的做法，对我并未造成实际影响，但是为了减少矛盾，有他在场的公开场合，我低调再低调，夸赞面前能躲就躲，工作比之前更加卖力。

只是心里的委屈，时不时就会窜出来影响心情。环境的限制，内心的压抑，让我直想快点儿逃离这个地方。

很多人说，40岁了，人到中年，不要再折腾了，就这样吧。

就这样吧，是最容易的选择。毕竟我在南昌"功成名就"，左右逢源。工作驾轻就熟，余生的安稳足以保障。

不这样吧，是最艰难的选择。毕竟离开南昌就是重新开始，未来如何都难以料定。

可人生很多时候，就应该选择难走的路。我想起多年前与妻子登泰山，山路太难走了，可那场日出也是无与伦比的。

40岁，就应该安安稳稳吗？

不，人生一场，理应活得热血沸腾。不爬过崎岖的路，如何看得到磅礴的日出？不攀上更高的峰，如何能领略远方壮美的山河？

四十不惑，我悟到的不惑就是：当你迷茫的时候，选那条最难走的路。

东西南北中，发财去广东

1986年5月，我去北京参加中国音乐家协会的年会，住在京丰宾馆。在会上遇到中国唱片广州公司编辑部陈秉福主任。我习惯性地向他投稿自己的歌曲作品，推荐江西的一批青年歌手。他很感兴趣，看资料时，突然问道："颂今，你江西家里还有什么人啊？"

我愣一下，回道："爱人，孩子，其他就没什么人了。"

他点点头说："好，那就好。"

怎么会这么说？我有点儿疑惑。后来想，他不会是想让我去他们公司吧？但他当时也没有明说，我也不好直接问。

到了年底，陈主任打来了电话，问我有没有兴趣去广州发展？说他们单位的编辑队伍老的老，年轻的太年轻，青黄不接，非常需要我这样的人才，并邀我去广州他们公司看一看。

12月下旬，我便和妻子请了三四天假，带着女儿去了一趟广州。

到了中唱公司，见到宽敞气派的巨大录音棚，当即就被震惊到了。录音棚是1985年新建的，有两个篮球场那么大。从美国和西德引进的设备都是最先进的，号称当时整个东南亚最好的录音棚。别说录歌，大型交响乐团演奏都能录，1986年第六届全运会的音乐就是在这里录制的。仅仅是这个录音棚，我就非常向往了。

当时正值圣诞节，江西还是天寒地冻，广州的天气却很温暖，到处都是红花绿草，跟南昌阴冷潮湿的冬天完全不同。我们参观了五星级的花园酒店，大堂里布置的圣诞树彩灯闪烁，雪橇上的圣诞老人栩栩如生，充满了圣诞节的浪漫氛围。女儿看得非常开心，嚷嚷着说："爸爸，爸爸，这里真好啊，我们来吧。"妻子也很心动，觉得广州气候好，城市环境好，以后在这里生活肯定也不错。至此，我们全家算是达成了一致意见。

但是中唱公司并没有当即给我发商调函。

回到江西不久，我又去苏州参加了中国音乐文学学会的年会，遇到成都军区战旗文工团的创作组组长、词作家张东辉，邀请我去他们团创作组工作。因为进部队文工团是我一直以来的梦想，而且成都可以算是我的第二故乡。因为之前有去广州中唱公司的事，我有点儿犹豫。

正在这时，我遇见了来参会的著名词作家阎肃和作曲家羊鸣。他们创作的《江姐》是我最喜爱的歌剧，两人都是我崇拜的偶像。逮住机会，我便说了内心的纠结，请教他俩，应该如何选择？

阎肃快人快语："东西南北中，发财到广东。去广州吧。"

羊鸣老师也说："虽然部队文工团也不错，但是毕竟不在北京，成都比起广州，还是要闭塞得多，从长远看广州肯定更有前途。"

虽说心有纠结，但两位前辈都认同广州，让我既高兴，也瞬间明白了，其实自己最想去的还是广州。就像抛硬币做选择，抛出的那一刻答案就明确了，你期待的那一面，就是你最想要的。

于是，我定下心来等着调去广州，可直到3月份仍没有消息。

刚好3月2号羊城音乐花会又要举办了，我利用这个机会去了广州，到中唱找到陈秉福主任，告诉他："陈主任，我们全家已经做好了准备，可以随时来广州工作了，公司是怎么决定的呢？"

陈主任立即说："好啊！"马上让人事科给我开了一份商调函。商调函不是正式调令，算是借调，时间一年。我也能理解，招个新人，肯定要有试用期的。

回到南昌，我编好第三期《心声歌刊》，又从九江市音协物色了一位叫李延声的年轻编辑来接我的班。4月份，我踏上南下的旅途，带着简单的行李，把自行车也托运了过去。

刚开始，我被安排住在一间集体宿舍。室友是公司的电工，早睡早起，而我晚上要写东西，觉得很不方便。我向陈主任反应过后，总务科给我找了一个单独的楼梯间，一张双层架子床、一张小桌，便再没有空隙，让我又想起当年在二哥家楼下住的那个楼梯间。虽然简陋，但至少有自己的独立空间，我也满足了。

虽然录制《庐山美》和《庐山恋歌》时对唱片录制有了一些了解，但真正要开始唱片编辑的工作，我仍是门外汉一个。但是快速学习不懂的专业知识，对我来说是强项。

我到单位资料室找来一堆历年出版的唱片磁带，一张一张地看，一盒一盒地听，分析它们的优点、缺点，写了好几本笔记。

当时陈主任正在录音棚里录制广州乐团合唱团的合唱歌曲专辑《春之旋律》，十几支中外合唱歌曲，数十人的合唱团，我主动要求去做助理，一边协助编务工作，一边观摩学习。

从此开始，除了吃饭睡觉，其余所有的时间我都泡在录音棚、剪辑室，观看别人录节目，练习磁带剪接技术。

这种学习方式看起来有些笨拙，但非常有用，我很快就完全掌握了唱片编辑的工作流程和方法，而且还学到了很多实际经验，认识了不少歌唱演员，这都为以后自己独立制作唱片节目打下了扎实的基础。

曾国藩说："结硬寨，打呆仗。"学习也是这个理，简单的笨办法其实就是最有效的好方法。

所以，不要怕新事物，不要怕学习。学习是这个世界上最容易确定的事情了，你只要肯用心，只要肯拼尽全力，你会发现"功夫不负有心人"这个词"诚不欺汝"。

但有些事，就不是这么容易能解决的，我到中唱遇到的最大困难，其实是来自于人。

我算是"空降"到中唱的，除了陈主任对我有所了解外，其他人只知道我是一个从江西小地方借调过来的"老吴"。在南昌，大家都是叫我"小吴"或是"颂今老师"，突然身边人的都叫我"老吴"了，还真是有点儿不适应，但一想，自己都40岁了，可不是"老吴"了吗？

可是过了一些日子我就发现，叫我"老吴"，其实是一种轻慢，我还是从传达室的门卫师傅那里发现的。

那时候没有手机，公司只有办公室、传达室有电话。传达室有电话打进来，都是门卫师傅大声喊人通知。门卫师傅原来是广州市京剧团的一位反串青衣演员，每次他对着对面的宿舍楼喊人时，用的都是京剧声腔的假声发音。他仰起脑袋，中气十足，自带音效，悠悠地传得很远。可是我的电话来了，他就只是随意喊一嗓子"老吴，接电话"，根本不管二楼的我有没有听到。

直到有一天，接到妻子发来的电报，问我怎么几次都不接电话？我才知道她打过好几通电话找我，半天都等不到我接，只好把电话挂掉了，事后也没有跟我说。

我心里有点儿生气，但想着自己初来乍到，还是好声好气地跟门卫师傅说好话，请他喊我时也大声一点儿，多叫几句。

可他仍是一副爱搭不理的样子。我只好跟妻子约定，每周说好一个固定的时间通电话，我按时按刻去传达室等着电话打进来。

我安慰自己，这些都是小事。最憋屈的是，还是财务对我的区别对待。

每一个节目都有录制经费，财务对其他编辑的报账审核很宽松，哪怕超出了标准，也是睁一只眼闭一只眼。对我则是特别严格，每一笔单据都仔细核对，不能超过标准一分一厘。别的编辑请来的歌手演员住豪华宾馆，财务从来没有异议，我邀请的演员只能按照招待所的低标准。

可是公司附近没有便宜的旅馆。为了工作方便，也为了不被财务卡脖子，我把宿舍楼梯间的那张双层架子床收拾了一下，谭耀军从南昌来公司录节目时，只好委屈他睡在上铺。

学习与创作再艰苦，我都能乐然其中。唯有这些烦心的琐事，让我憋闷委屈。

那天夜晚，我正在楼梯间里写一首新歌《插队的小村庄》，写着写着，不禁悲从中来，一下子泪流满面，打湿了谱纸。我觉得自己仿佛是一名"知青"，又回到了"上山下乡"那个年代，在异地他乡被命运挤压，忍受着不公平的待遇。

怎么40岁了，人生却到了如此至暗的时刻？我越想越难过，这首歌几乎是流着泪完成的。

学校放暑假的时候，妻子来看我，见我情绪低沉，便说："不开心的话，咱们就回去吧。"

温柔的一句话，又差点儿让我掉泪。

"没事，我就是有点儿累，在这里挺好的。"我笑着对妻子说。

"我一定要在这里好好坚持下去。"我默默念着，心里升腾起一股力量，向周身冲荡开来。

之前，我看到年轻人热议的一个话题："你是愿意选择大城市的一张床，还是小城市的一套房呢？"意思是说，压力巨大的大城市和轻松舒适的小城市，哪个是更值得的选择？

我的回答，当然是大城市。虽然我刚到广州时，过得很是艰难，但我从来没有后悔过。反而在人生往后的日子里，我总是感到庆幸，自己终究熬了下来。

不知道你是否听过这个笑话：有两个乞丐畅想着皇帝的奢华生活。一个乞丐说："皇帝每顿肯定都能吃一个白面馒头。"另一个乞丐说："不止，不止，皇帝肯定天天白面馒头都能吃到饱。"

是不是很荒谬？但是很深刻。我们看到的世界，都是我们所接触到的事物构成的。乞丐觉得理所应当，是因为，他见过的最好的食物就是白面馒头；你觉得可笑，是因为你见过更丰盛美味的名菜佳肴。

大城市不仅仅只有压力，开放、多元的环境蕴含的机遇也更多。一如中国唱片广州公司是仅次于太平洋影音的音像公司，不仅拥有国家最优秀的歌唱演员、最好的录音棚，还有辐射全国的发行渠道，推出了无数著名歌手和经典歌曲。而这样的平台，在内地中等城市南昌，是无法想象的。

虽然大城市的压力可能会让你没有"安全感"，但也一定会让努力的你看到希望。

海明威说过："如果你足够幸运，年轻时候在巴黎居住过，那么此后无论你到哪里，巴黎都将跟随着你。"

所以，年轻时光，就更应该去更广阔的世界闯一闯。

若是像我一样遇到了不公的待遇，也很简单，用实力反击回去！

俺"老吴"用唱片销量说话

来广州中唱两个月后,我开始准备新的节目选题,策划自己的第一张唱片专辑。

当时音像行业的节目主要有两大类:一类是引进国外原版音乐节目,但每年只有很少几个指标;另一类是翻唱歌曲节目,就是把港台和国外的流行歌曲拿来,扒带子,找歌手重新演唱。那时候中国音乐著作权协会还没有成立,也没有版权一说,所以国内很多歌手和唱片公司走的都是翻唱这条路。基本上就是,什么歌火就翻唱什么,市场销量也很可观。

我将要推出的第一个节目,实际上是我的一份试卷。能不能在中唱立足?全看这张卷子答得如何。因此,我是不屑于走翻唱这条路子的,因为翻唱没有门槛,甚至对公司开车的司机来说都不是难事。只有原创,才能体现我自身的价值。而且作为上海音乐学院毕业的专业作曲家,我觉得创作中国自己的流行歌曲是我应该肩负的责任。不仅要原创,更要有市场,毕竟公司看重的,是你能创造多少经济价值。

我想，市场欢迎什么样题材的歌呢？什么内容的磁带既能畅销，又有艺术价值呢？

爱情歌曲肯定是首选，毕竟爱情是人类永恒的主题。但爱情歌曲在以前都被判为"靡靡之音"，虽然已经改革开放多年，可我仍有顾虑。还有二者能够兼顾的选择吗？

经过再三思考，我选择了人类另一个重要主题——吃。我想做一个中国美食题材的歌曲专辑，"民以食为天"，老百姓一定喜闻乐见。而且，当时也没有反映中国饮食文化的歌曲，推出来，就是市场头一份儿。

选题确定后，我调动了所有关于饮食文化的记忆，又去广州图书馆找了很多关于饮食方面的书籍、菜谱、各地风味特产的介绍等等，只要与食品有关的，统统从书架子上搬下来，慢慢研究仔细看。我还搜集曲艺节目，比如涉及食品的相声、小品等也都研究分析。最后，选定了14种有地方特色的食品做歌曲题材：羊肉串、臭豆腐、五香豆、梨膏糖、冰糖葫芦、煎饼卷大葱、汤圆、佛跳墙、龙虎斗、狗不理包子等等，东西南北的风味特色都包括了。

记得 20 岁那年去新疆，我吃过羊肉串，5 分钱一串，撒上了孜然非常香，二十多年后仍回味无穷。1987 年央视春晚陈佩斯表演的小品《羊肉串》，让羊肉串火遍了全中国。我便写了一首《羊肉串亚克西》，用当年在新疆搜集的维吾尔族民歌《亚克西》的调子，填写了一首喜剧化的歌词："谁不知道天山下的库尔班呦，谁没吃过他烤的羊肉串，又肥又嫩，又辣又热，味道美呦，孜然飘香十里都闻见……"

这首歌，我原本想让总政歌舞团的维吾尔族演员克里木演唱，以突出新疆口音，但公司对我还是持怀疑态度，不愿意报销克里木来回的机票和食宿费用。无奈之下，我想起之前听过的一盘磁带《唱逗乐》，那个歌手又唱又说，像个喜剧演员。我多方打听，终于在广州军区战士歌舞团找到了他，叫赵世林，一个十分鬼马搞笑的角色。

鬼马，是广州话俚语，就是"搞怪、滑稽"的意思。我让赵世林模仿一下新疆人的语调，结果惟妙惟肖，他还能反串女角、模仿其他地区方言。这位歌手太棒了，我安排他演唱了专辑里一半的歌。后来设计唱片封面时，我直接把他包装成鬼马歌手，让他戴着厨师的高帽子，面前摆着架子鼓，一手拿锅铲，一手拿勺子做打鼓状，噘着嘴，一脸滑稽，喜剧效果十足。

我想起之前去长沙采风学习的时候，在火宫殿吃过臭豆腐，就写了一首《臭豆腐香》，用了湖南花鼓戏的调子谱曲，找了两个会说湖南话的演员表演这首歌。歌曲的开头还加入了油炸臭豆腐的音效，是我将话筒扯到厨房里录的。我还设置了一段长沙腔的对话：

"哎呀，咯是么子味道，这么臭啊？"

"你不知道啊，这就是火宫殿臭豆腐，闻起来臭，洽起来香啊！"

配上长沙方言，歌曲烟火气十足！感染力倍增。

当年我在上海工厂培训的时候，经常会去城隍庙买一种特色小吃——五香豆梨膏糖，带回南昌送人，特别受欢迎。那是当时仅有的一种小零食，因为当时供应紧张，想要买的话，天不亮就要赶去排队。这首《五香豆梨膏糖》用了沪剧曲牌《紫竹调》，请了上海人民滑稽剧团的演员张小玲，用上海话演唱。

后来，上海不少音乐同行听了这首歌都很佩服我，说："颂今啊，你上海话都说不准，怎么这个沪语歌写得这么地道？"那是因为，"五香豆梨膏糖，糖儿甜来豆儿香"，也是我青春记忆中回味悠长的味道。

我还根据北京人春节逛厂甸买冰糖葫芦的习俗，写了一首《冰糖葫芦》，用小放牛的调子，唱的是过年的时候，老太太带着小孙儿孙女逛厂甸的情景。我让赵世林反串表演，模仿北京老太太牙齿不关风的声音演唱，还加入了鞭炮锣鼓唢呐的音效，非常喜庆。

我查资料时看到一个民间传说，乾隆皇帝下江南微服私访时，在一个农妇家吃过一道名叫"红嘴绿鹦哥"的菜，其实就是"菠菜烧豆腐"。乾隆回京后对这道菜念念不忘，在全国悬赏会做"红嘴绿鹦哥"的厨师。我把这个故事也写成了歌词，套用苏北的民间小调《杨柳青》，让张小玲操苏北方言来唱。

此外，还有山东柳琴填词的《煎饼卷大葱》、天津快板风格的《狗不理》，四川话唱的《成都小吃联唱》、广东粤语唱的《龙虎斗》、东北话的《烧饼油条老爷爷》以及流行小调《卖汤圆》等，一共14首歌，用音乐表现了中国东西南北各地的特色美味佳肴。

整张专辑的创作只用了一个多月的时间，录音制作也只花了半个多月。节目完成之后，我就拿着录音小样到处找人听，征求意见。连坐出租车的时候，我都跟司机说："师傅，我这里有一盒新带子，要不要听一听？"司机们个个都听得十分开心。

但是到了节目正式审听的那天，我还是很紧张，心情就像等待过堂审判一样。审听就是在新节目正式上市之前，由公司的发行部、编辑部领导、全体发行员与编辑们一起来听，评判节目的效果与质量，是否能上市发行。审听室坐得满满当当的，大家拿着我撰写的文字稿、封面设计图、广告词，还有所有的歌词，边看边听。我心情忐忑地按下播放键，心脏"咚咚"地要跳出来似的，心想，法庭上等待宣判的犯人也是这般吧。

意外的是,这次的"审判员"们在第一首歌一开始就笑了起来,直到播放结束,所有人还是笑个不停,并开心地交头接耳。我长出一口气,悬了几个月的心,终于安稳地落了下来。

11月底,公司的年度订货大会在中山市国际大酒店召开,全国各地的经销商都来了。其他编辑介绍节目时,全场反应不温不火,轮到我这个节目时,却是笑声四起,一下子就订出了12万盒,销量超过了所有自编节目。

趁着年底,我将专辑样带寄给了全国各地广播电台的熟人朋友,请他们播放推广。因为是美食歌曲,又欢乐风趣,又有地方特色,因此那年春节,全国有十几家广播电台都将这盘专辑当作电台春晚的节目,又催生了一波全国的热度。

过完年,12万盘带子就卖光了。经销商纷纷追加订单,创造了公司当年原创歌曲的最高销量纪录。

至此,公司所有人都看到了,"这个来自江西老区其貌不扬的'老吴',原来还真有两把刷子!"我在中唱终于迎来扬眉吐气的日子。

紧接着第二年4月份，好莱坞大片《末代皇帝》在全国上映，我预感电影里的歌曲也一定会火爆，首映第一天，我便提着录音机去了电影院，把里面的插曲、主题曲、片尾曲等全都录了下来。然后一一记谱，请歌唱家演唱，再添加一些当时流行的影视剧歌曲，出了一盘《最新影视歌曲》专辑磁带，主打歌就是《末代皇帝》。

事实证明，我的预判是对的。《末代皇帝》电影火爆全球，还获得了"奥斯卡金奖"，我这盘磁带在8月的全国订货会上也订出了十多万盒。

两个节目，两个销售高峰，大家都开始热情地叫我"吴老师"。

所以，你看，任何时候，实力就是最有力的语言。
你越弱，世界就越险恶；你越强，世界就越明亮。

当你站在强者的制高点时，曾经你所经受的委屈、苦难都会成为人生光灿灿的勋章。

记住，实力就是你最好的反击。

人挪活树挪死，再见江西

《中国美食大汇唱》大获成功，中唱领导便确定了要将我正式调过来。接下来要解决的，就是妻子的工作安排了。

中唱广州公司的编辑部在文艺单位聚集的沙河顶，我每天下班后便骑着自行车，挨个去沙河顶周边的学校询问，是否需要老师。可问了七八所学校，都说不需要。我虽然想调来中唱，但若妻子不能一起来，我也不可能来。人生，追求梦想固然重要，但与家人相依相伴的时光，也是弥足珍贵的。

就在我开始有些焦急的时候，有天下班后，我又去了离公司最近的先烈中路小学。因为这所学校离市区近，又是越秀区的重点小学，估计门难进，一直都不敢抱希望。之前去的都是远在郊区的学校。

传达室里有一个女老师正在剪头发，我上前问道："请问你们学校需要老师吗？我妻子想调来广州。她是南昌的语文老师，还是教导主任。"

说来运气也真是好，那个女老师是学校的副校长，那天恰好让传达室的人在帮她剪头发。她告诉我："学校当然需要老师，但是要水平高的老师哦！要不你让她来试讲一次，我们考核一下？"

我真是喜出望外，马上打长途电话通知妻子请几天假，来这所学校试讲一堂课。

试讲那天，学校的领导和东山区教研室的主任都来了。妻子讲完课后，区教研室的人对校长说："这个人你们要不要？如果你们不要，我们教研室要了。"

于是，学校当场拍了板，要把妻子调来。校长还对妻子说："哎呀，你站在讲台上，特别有老师的样子。"妻子也是以多年的教学实力征服了全场。

妻子的工作问题解决了，我才跟中唱确定了留下来。1988年8月，我拿着中国唱片广州公司的正式调令回到南昌，准备搬家。

回到江西时，省里文化系统正在评职称，我也评上了副高职称。这次是破格评的，我才42岁，年龄上是不够资历的，但是从创作成果上看，我拿了十几个国家级的音乐创作大奖，又绝对够格。这么年轻就能评上副高级职称，在江西也是首例。

职称评上之后，按例要补发工资，但组织上说，你既然要调走，那职称可以带走，加工资的指标必须留下。当时，我在江西省文联每个月只有七八十块钱，但得知等我正式调到广州中唱后，工资每个月能有两百多块钱。所以，虽然有些不公，我也同意放弃了。

当时正值暑假，二哥帮我联系了一辆要返回广州的顺路货车，铸锻厂的好几位朋友来帮我打包家具。家里的藏书无法全部带走，我便联系了江西师范大学的好友陈述刘老师，让他通知音乐系的学生，到我家来随便选书。后来那些学生拉走了三板车音乐书刊。

行李装好，汽车发动。当卡车驶出江西省文联大门时，望着来送行的陈述刘等一众亲朋好友，我的眼泪忍不住就流下来了，越流越多，止也止不住……后来我索性放开了心绪，狠狠大哭了一场。

很多年以后，一些南昌的朋友和熟人见到我都说："颂今，你去广州去对了。"

其实，刚开始的时候我心里一直不是很踏实，即便我在中唱已经推出了两盘畅销磁带，但广州竞争激烈，我深知要站稳脚跟不是那么容易。所以当时还想过，如果职称工资可以给我解决的话，我就不去广州了。

其实，人在面临人生重大选择时都会彷徨，甚至退缩。只是有些人，打破了恐惧，继续前行；有些人，败给了未知，选择了逃避。

好在命运推了我一把，没有再给我一次纠结选择的机会。

我翻越了江西这座小山头，来到广州这座更高的大山脚下。这座山很高很险峻，路途更艰难，但我已经望见了山顶的曙光，那将是给予攀登者的奖赏。

希望年轻的你，将来无论遇见多少迷茫，都能做那个最勇敢的自己。

第九章 创造音像市场销售奇迹

搭建新的城市人脉圈

虽然我已在中唱工作了一年，但重心全部在工作上，所以，广州对我来说，仍是一个陌生的城市。妻子女儿来了之后，我们对陌生的环境充满了探索的乐趣。

公司分给我一室一厅的宿舍，不到50平方米，我和妻子住卧室，在客厅给孩子搭了一张小床。每个周日，我们一家三口就以家为中心，要么随机选一条公交车线路，坐到终点站，欣赏沿路风光，若对中途某个地方来了兴趣，便下车去逛一逛；要么骑着自行车，东南西北随便选个方向出发，走到哪儿算哪儿。就是这样随性地四面八方地跑，很快，我们就熟悉了周边环境。

在我的两盘畅销专辑没有推出之前，与同事们相处得并不顺心。现在就不同了，我们以诚相待，跟宿舍楼的左邻右舍很快就相熟了。记得有一年过春节，工会在宿舍楼顶的平台上组织了一次烹调比赛，每家拿出两个菜，放在一起大家品尝，选出最受欢迎的菜肴。

我想起两年前，陈秉福主任和公司几位编辑去南昌参加我和伊拉克恩的音乐会，我邀请他们去了我家。当时正是端午节前夕，按照当地习俗，妻子煮了五香茶叶蛋，拿出来招待他们。没想到他们第一次品尝茶叶蛋，一大锅茶叶蛋一下子全被吃光了。既然陈主任他们爱吃，那么单位的同事们肯定也爱吃。

于是，我让妻子再煮一大锅五香茶叶蛋，我再做了一大盆自己爱吃的猪油夹沙八宝饭，好看又好吃。拿一个大碗把内壁抹上一层厚厚的猪油，贴着碗壁用果脯蜜饯摆出图案，然后压上一层煮熟的糯米饭，铺一层北京果脯蜜饯，再铺一层红豆沙，最后再盖上糯米饭，上锅蒸熟之后，倒扣在大盘子里就算大功告成了。想着人多，我做的分量也很大，将大碗换成了小脸盆，鸡蛋也煮了四五斤。

两样美食端上屋顶平台之后，非常受欢迎，大人争着吃香喷喷的茶叶蛋，小孩子抢着吃甜滋滋的八宝饭。投票结果，我家的两道美食得了一等奖，奖品是一个小巧的榨汁机。

编辑部的摄影师杨对荣把这次活动拍了一张照片，题名《金邻聚会》，刊登在《羊城晚报》上。同事们大人孩子聚在一起，公司领导与职工其乐融融，很是开心。

换了一个新城市，除了生活环境的变化，还有很重要的一点，就是圈子的断离。在江西时，我认识很多人，同学、同事，文化界、音乐界的老师以及合作伙伴等等。在广州，我认识的人就十分有限。而要想更好地融入新环境，除了在生活上的适应之外，还要构建新的人脉关系，拓宽自己的圈子。

首先，我还是从熟悉的人开始，同在广州工作生活的江西老表们走动。

美国心理学家斯坦利·米尔格兰姆提出过一个"六度分隔理论"，意思是说，最多通过六个人你就能够认识任何一个陌生人。确实如此，我认识在广州的江西老乡越来越多，后来我们还成立了同乡会，发展到了几百人，我们定期聚会，搞一些联谊活动，相互帮助扶持。

为此我还写了一首会歌，"老乡见老乡，两眼泪汪汪，一口家乡话，句句诉衷肠，一壶家乡酒，滴滴暖胸膛……"家乡是一个人的根，我经常午夜梦回故土，醒来时怅然若失。与老乡们的抱团，让我感觉在广州这个陌生的大城市，我并不孤单。

其次，我将原有的组织关系重新链接。我是江西省音乐家协会的理事、中国音乐家协会的会员。到广州后，我把关系转到了广东省音乐家协会，省音协的人对我也很热情，经常通知我去参加协会的各种活动，由此认识了不少当地音乐界的同行。

此外，我将江西省青联常委的关系转了过来，积极参加共青团广东省委、省青年联合会的活动，也扩大了自己的视野和社交面。记得1993年夏天，省青联举办了《省港澳青年交流营》，我和广东省各行各业的青联委员，与来自港澳的著名歌星张明敏等人一起，同乘一辆大巴，利用一周时间，漫游了珠江三角洲好几个城市。大家同吃同住，同游同乐，结下了深厚的友谊。这是一个很快拓宽交际圈子的途径，一两年的时间，我便认识了很多各行各业的青年精英。

在江西时，我就加入了民主党派中国民主促进会。到广州之后，我把组织关系也转了过来，经常去参加广州市民进组织的活动，结识了省市许多出版界、教育界、文化界的会员朋友。我为民进创作了一首歌曲《光荣的足迹》，在庆祝民进成立60周年的大型文艺晚会上演出后，被民进中央选为会歌。

另外，我跟广州的各家媒体都走得很近。这得益于我之前办《心声歌刊》时，认识的全国各地不少编辑。广东省音协的《岭南音乐》、《新弦》词刊，省群众艺术馆的《珠江》杂志，几位编辑都是老熟人，通过他们我又结识了其他一些媒体人，得以时常在《少先队员》《少男少女》《南方周末》《羊城晚报》等报刊发表歌曲与文章。在新世纪出版社出版了我的第一本儿童歌曲集《神奇的哆来咪》，还兼任了《粤港信息日报》的专版《音像圈》编辑。

至于广播电台，我更是常客，为了宣传自己的新唱片新歌，广东电台音乐台、珠江台、经济台、交通台，我都经常去做直播嘉宾。省市电视台就更不用说了，岭南台的《万紫千红》《岭南新歌榜》编辑导演，都成了我的好朋友。

总之，我就是主动积极地去参加活动，结识新朋友。每一张唱片都找不同的编曲老师合作，尽可能地认识更多歌手和编曲创作、演奏音乐人士。这些对我以后的工作开展都起到了极大的促进作用。

人是社会关系的总和，良好的人际关系不仅是一个人内心稳定的基础，更是我们行事的助力。一如人们常说的，想做什么样的事业，就要进入什么样的圈子。

那如何找到"关系"，进入"圈子"呢？

两个字：主动。

主动与别人链接，主动展示自己，主动拥抱陌生。保持一个开放的心态，山不能走过来，我可以朝山走过去。既然选择了新城市新环境，那就要积极地去适应。

我不是个社交达人，也并不热衷于社交活动，但我是个目标明确的人，我有自己要实现的目标。我也深知单枪匹马闯不了天下，想要博得更大的天空，需要更多的协同力量。

在医学上，如果一个细胞不能应对外来刺激，就会衰竭、死亡。人也是如此，如果不能很好地适应环境，就会感到疲惫和无力。

所以，你能不能提高自己的适应力，并在此基础上激发出新的力量，将直接影响你往后的事业前景和人生质量。

畅销碟是怎样出炉的

这些年，社会"黑天鹅"事件又频频发生，导致越来越多的年轻人渴望有"编制"的安全感，"考公热"是愈演愈烈。对此我是深有体会。

原来在江西时的工作单位省文联是事业单位，每年有固定经费，旱涝保收。中国唱片社属于国家广播电视部，原来也是事业单位，改革开放后改名中国唱片总公司，变成事业单位企业管理。我调来其下属的中国唱片广州公司后没几年，就完全转成了企业。

企业跟事业单位最大的不同就是，没有政府财政拨款，企业完全要靠自负盈亏，对员工来说，缺乏安全感。在企业必须创造经济效益，直白说就是你要能为公司赚钱，能创造利润。

1992年，公司内部也开始改革，设立制作人制，我们从唱片编辑变成了音乐制作人。音乐制作人身兼多职，编剧、导演和制片主任一肩挑。我觉得这种改革挺好的，给了制作人一定的权限，创作的自由度也就更大。

当时公司设立了两个机构，一个是我牵头的颂今音乐工作室，另一个是企划部。企划部有三四个人，颂今音乐工作室就我一个"光杆司令"。每年年底，公司会设定利润目标，然后分配到各部门。企划部三四个人一起扛，我这个工作室只能靠自己一人扛。这一年公司给我下达了50万的利润任务，我得自己想办法挣这笔钱。

压力虽然大，但是也激发出了潜力，我通过两方面的创新，推出了一系列新节目，超额完成了50万。

第一，是发掘听众需求，创新推出了《笑话连篇》《台湾小歌星》以及《圣诞狂欢·烛光舞会》等节目。

我认为，人们对幽默艺术和搞笑节目一直是有需求的。之前公司有一个王牌节目——马季表演的相声集锦《吹牛》。早几年销量非常可观，但1988年之后，销量逐渐下滑，卖得越来越少。我后来分析认为，相声的内容大多比较陈旧老套，两个男人对口说的表演形式有点儿单调，而且每个段子的时长基本上都要20分钟左右，很容易让听众疲惫。

我想创造一种新形式的幽默节目，有别于传统相声，必须短小精悍、活泼生动，便想到将书面的笑话变成声音。我选编了一些适合当今人们欣赏趣味的小故事，每段不太长，保持在两三分钟，一男一女对口表演。每一段笑话之间，再插入十几秒诙谐的音乐做过渡。

作为一种全新的搞笑节目形式，本想让善于插科打诨的相声演员马季或姜昆来说，但考虑到他们咖位太大，不一定会赞同我这种新形式，而且他们的酬劳也会很高，我得考虑成本。最后，我想干脆推出新人吧。一来，新形式新演员，有新鲜感；二来，新人更愿意配合，也就更能达到我想要的效果。

于是，我想到了原来南昌市文工团的相声演员徐小帆，因为相声不景气，他已退出舞台，去福州海峡之声广播电台当曲艺编辑了。我辗转联系到他，说了我的想法，他当即表示非常感兴趣。我又让他推荐一个女搭档，他推荐了福建省儿童艺术剧院的话剧演员林桦。

为了增加节目的现场感，我决定采用实况表演的方式来录制。我在录音棚布置了一个讲台，他和林桦两个人站在那说，现场请了七八十个广州体育学院的大学生坐在下面当观众。录音过程跟我预期的一样精彩，徐小帆两人表演中包袱频出，学体育的大学生们听得热情洋溢，掌声笑声欢呼声此起彼伏，我都收录了进来。

我给徐小帆取了个艺名"笑凡",他和林桦两人主播的《笑话连篇》一经推出,立即火遍全国。那一年南北各地的车站、码头、商场、餐厅,到处都在播放我们的笑话磁带。因为畅销,公司第二年又要求我再编录两辑,此后年年追着我更新,连着五年推出了十辑,成了公司的"摇钱树"。

1993年,这个节目荣获第三届中国金唱片奖,相当于电影界的百花奖、金鸡奖,这可是中国音像行业的最高奖。当然啦,徐小帆也一跃成名,跟前两届获奖的相声大师马季和姜昆平起平坐了。

另外,我对儿童听众的需求也一直非常关注。我想,港台歌曲在中国内地很受欢迎,那么港台儿童歌曲也应该有市场,而且不少港台儿歌非常富有童趣。我决定策划一盒台湾儿童歌曲大联唱。我搜集了《童年》《蜗牛和黄鹂鸟》《世上只有妈妈好》等48首台湾童歌,配上活泼动感的电声乐队伴奏,由小蓓蕾组合的孩子们一首接一首连续不停顿地唱完。

这个节目推出以后,市场反映比我的预期还要好,也成了公司年年追着我编录的拳头产品。做到第六辑的时候,我说:"不行,后面再没法继续下去了,实在找不到那么多的台湾儿歌了。"其实做到最后一辑的时候,曲目已经山穷水尽了。不得已,我去图书馆搜集了一些台湾作者写的儿童诗,自己谱曲,凑了大概二十多首,勉强够了数量。

2010年的时候，有个年轻人辗转找到公司发行部，说要买《台湾小歌星》。我说："这个节目早就绝版了，磁带也退出历史舞台了，你为什么要买它呢？"

他说他的女朋友小时候听过《台湾小歌星》，特别喜欢里面的歌。女朋友就快过生日了，他想买一盒给女朋友一个惊喜。我也很感慨，便用母带转录了一盘送给了他。

你看，这就是儿童音乐的价值。它总能穿越时空，在某一刻又拨动你的心弦。

要想创造更多的效益，除了要卖得多，还得成本低，这也是我第二个创新方向。我采取了两个方法：一是，一鱼两吃；二是，旧版新出。

一鱼两吃，就是用一个节目的钱，做出两个节目来。比如我录制儿歌节目《小手拍拍》，原本只有一个普通话版。录完之后，我请人把歌词重新改写成粤语，再请广州小朋友录了一个粤语版《叻女乖仔》，就多出了一个节目。因为乐队伴奏等其他投入都是现成的，第二个节目版只多了小朋友的演唱费成本。节约了资金投入，产出效益也大大提高了。

沿用这个套路，我又做了一个流行歌曲节目，叫武侠风。当时港台武侠小说、影视剧等非常火爆，我选了一些香港武侠片的插曲，《笑傲江湖》《鹿鼎记》《七剑下天山》找不到现成的歌，我就新写了几首歌放进去，请人再把全部歌词改填写成粤语。普通话版本与粤语版同时进棚录音，一次就推出了两张唱片。

旧版新唱是将公司原来库存的现成节目，改头换面，重新编排。我曾做过一个广播音乐剧《喜上加喜》，就是在公司以前的老节目里挑选了十来首歌曲，编了一个婚礼故事的剧本，请来"天下第一嫂"王馥荔与赵世林演播，将这十几首歌串联起来，让听众既欣赏了歌曲，又听了一个有趣的故事，而演员唱歌的费用全部省了。

那时候，社会上流行跳交谊舞。为此我制作了六盒一套的《国际标准交谊舞曲》，包括快慢中四步、华尔兹慢三快三，还有伦巴、恰恰、吉特巴等不同舞种，满足了舞迷们的需求。这套唱片完全没有花钱新录制，而是从公司以往的乐曲资源中筛选，挑出一大批不同速度适合跳舞的曲子。节奏感不强的，我便按照交谊舞的步伐节奏，加入电子鼓的音效，舞曲的感觉一下子就出来了。

因为用的都是现成的曲子，基本上没有投入什么资金。后来又卖得非常好，按利润算的话是相当高了。

在绩效考核的压力之下，每年我都要推出十多个新节目，在整个公司不论是产量，还是质量、销量都各列前茅，每年的利润指标也都超额完成。结果呢，公司说"能者多劳"，指标对我是年年加码，从50万加到60万，再加到70万……但我仍然是年年超额完成任务，公司也年年把我评为"先进工作者"，让我在表彰大会上发言，传授经验。

那几年真是忙得脚不沾地，但是成就感也是满满的。

也是那几年，大家改称我"今叔"了。从"老英"到"英老师"，再到"今叔"，我终于得到了同事们的认可，成为了中唱大家庭的一员，我心里真是暖暖的。

这个世界没有一劳永逸的事情，也没有绝对安全的地方。"体制内"仍有竞争；"市场化"也能寻得安稳。重要的不是你在哪儿，而是你的工作状态如何。你若摆烂躺平，"编制"也会淘汰你；你若积极进取，"市场"终会褒奖你。

要记得，人最大的安全感不是来自环境，而是来自自身的底气。

让音乐灵感肆意生长

虽然策划录制唱片压力山大，但是在创作方面我却迎来了自由的天地。再也不用顾忌题材方面的限制，更没有人要求我"不能发表太多作品"。在广州，创作只有一个标准，市场是否需要，听众是否欢迎。而且有了中唱这个平台，我的作品想变成优质的声音也更加容易。这也极大提升了我的创作热情，写出了更多高质量的歌曲新作。

我刚到广州时，歌坛刮起了一股"西北风"，诸如《信天游》《黄土高坡》之类的歌在国内铺天盖地。我也顺势创作推出了《山高水深》《马背天涯》等西北风歌曲。

祖国大西北算是我的第二故乡，这里流行的地方戏曲秦腔，是我的至爱。秦腔的音乐分"欢音""苦音"两大类。我用秦腔的"苦音"为素材，谱写了一首《灞桥柳》，细腻地表达了一种忧伤中的激越情怀。

曲子谱好后，同一间办公室的陈小奇借用唐诗的韵味，给我填了词。我邀请汪红波来演唱，她是越剧演员出身，唱歌极具感情，将这首歌的意境演绎得非常到位。

电台播出后，颇受好评，荣获了广东音乐电台评选的"1990年度十大金曲"。

当时全国流行歌手选拔大赛正在广州举行，广州市歌舞团的青年演员张咪正在寻找参赛曲目，我便把这首歌推荐了给她。她听了汪红波的演唱小样，非常喜欢。之后，我给她监棚，她借鉴了汪红波的部分艺术处理手法，经过自己的发挥，唱得更加完美。

这次大赛由国家文化部主办，在广州体育馆举行。参加比赛的还有腾格尔、解晓东、那英等诸多歌手。后来，这些当年的青涩歌手都成了大明星。

比赛时，大部分人唱的都是当时流行的西北风歌曲，很热烈、很强劲，也很闹腾。张咪是在下半场出场的，《灞桥柳》的前奏音乐安静而悠长，一响起来，现场马上就安静下来了。

赛前我跟张咪交代，"等前奏音乐响起来了，你可以背对着观众，慢慢出场走出幕后，先给观众一个悬念，等唱完开头两句之后，再慢慢地转过身来，让观众看清你的面容和表情，更容易将人们带入歌曲的意境中。"

结果，评委和观众们都被她吸引了，最终拿了一个很高的名次，成功入选。

"细节决定成败"，有时候一些看似微不足道的细节，往往能起到决定性的作用。后来我在跟学员讲课的时候，我都会讲"参赛致胜法"，除了演唱水平，仪态举止、形体交流等，甚至小道具都非常重要。参加比赛时，选唱的曲目最关键，必须有艺术感染力，同时舞台表现也要非常出彩。

张咪的唱功很不错，她身材高挑，比赛时穿着一套宝蓝色的长裙，舞台举止恰到好处，总体效果一下子就征服了评委和观众。

张咪当时还是歌坛新人，比赛后名气大涨。后来又唱着《灞桥柳》参加了央视的第三届全国青年歌手电视大奖赛，夺得专业组通俗唱法金奖。

现在很多年轻人都喜欢古风歌曲，《灞桥柳》算得上是大陆歌坛最早的一首古风歌曲了。

1990年，北京亚运会即将召开。有一天，太平洋影音公司的副总经理王今中找到我，说有个紧急任务，亚组委对北京创作的那批歌曲不太满意，要求广州再创作一组更时尚、更新颖的亚运会歌曲。太平洋当时召集了广州的二十多位词曲作家，要我们回去马上动笔，把公司录音棚全部腾出来，让大家随写随录，免费使用。台湾"超音波"唱片公司的老板闻讯而至，跟每个人都签了合同，只要你把歌写出来了，录音了，他就买断海外的版权，去台湾出版，全球发行。

虽然时间紧迫，但是我非常兴奋，录音棚免费用，还有不菲的稿酬，大脑的细胞全部被激活了，短短三天我完成了三首歌。最终被亚组委选上了两首：《北京的微笑》和《崛起的亚洲》。不仅出版发行了唱片磁带，还在北京工人体育馆举办的"百日迎亚运"大型演唱会上，由全国顶尖的歌唱家和红歌星公演。整个广州音乐圈也跟着扬眉吐气了一番。

从江西到广州以后，我接触到国内一线歌唱演员的机会更多了。而且，作为中国唱片公司的音乐制作人，我邀请任何一个歌手录音出唱片，他们都会欣然接受。

1991年5月，我去观摩上海之春音乐会，遇到了当时在民歌领域崭露头角的张也。我直接跟她说："我是中国唱片广州公司的音乐制作人，想请你出一张唱片好不好？"

她没有一点儿犹豫就同意了。我便以中国古代四大美女为题材，为她量身定做了一张独唱专辑《千娇百媚》。邀请浙江歌舞团的钱建隆老师写了一组婉约柔美的歌词，由我谱曲。

张也表达歌曲的感情准确到位，唱得优美细腻，十分感人。录音制作非常顺利，唱片很快便在全国上市发行。作为作曲家，最期盼的就是自己的作品能被歌手完美演绎；而作为歌手，能够一下子拥有这么多适合自己的原创作品，对她的歌坛地位与知名度提升，都能起到了很大作用。

此后，我到处留心寻找有天赋的歌手，给他们写歌出专辑。一开始，我合作的江西和广东的歌手多一些，1992年之后，我遍寻全国，只要我看中的，都邀请过来录音。

在那次全国流行歌手选拔大赛中，我还发现了一位选手名叫吴琼，黄梅戏唱得很好。我记得香港导演李翰祥拍了一部电影《江山美人》很火，就想用黄梅调将这个题材出一盒唱片。黄梅戏演员出身的吴琼无疑是最佳人选。她听了我的构思非常感兴趣，一口答应。我又请了江西赣剧院的著名编剧黄文锡老师，创作了剧本，我编配了全剧音乐，编成音乐广播剧形式。唱片推出来之后，由于新颖动听，也大受好评。

当时真的是创作自由，想写什么就写什么，自己的各种灵感都能肆意生长。所以，后来我跟学生们说，绝对不要给自己设置太多条条框框，要发散自己的想法，不设限，才无限。

但当时也有局限，就是歌词写来写去都是老一套的东西，缺少新鲜感。一些合作伙伴创作的歌词，自己写的歌词，都觉得缺少新意。

后来我发现，大学生们都流行读台湾女诗人席慕容和北京青年诗人汪国真的诗。我赶紧找来一看，发现他们的诗太适合当歌词了，不仅意境悠远，而且朗朗上口。

我选了席慕蓉十几首诗，谱了曲，出了一盒唱片专辑《歌韵诗情》，请汪红波演唱，又请了战士话剧团的一位女演员同时录了诗朗诵，与歌曲编成套装发行。一个是歌韵，一个是诗情。时下将诗谱成歌已经很流行了，可在当时，也算是个首创之举。

除了给单个歌手写独唱歌曲，我还给组合写歌。

1988年，"小虎队"组合一下子从台湾火到大陆，听说还有一个红唇族少女组合，也准备进军内地。我就想，为什么不成立一个大陆的少女组合呢？想到就干，我很快就选定了三个女孩儿，成立了"花季少女三人组"，包括河南女孩儿燕丽、南昌女孩儿叶蕾、广西女孩儿童瑶。我联合企划部的同事一起，为她们创作了12首歌。1992年夏天，作为中国大陆的第一个流行少女组合正式推出，通过定向宣传——向全国众多中学生杂志寄她们的照片做封面，刊登介绍她们的文章，迅速在全国形成了影响。

第二年5月份，河南信阳举办国际茶叶节，通过《羊城晚报》的一个记者找到我，说是想邀请"花季少女三人组"去演出。在我的推荐下，接着8月，"花季少女三人组"登上了央视的"综艺大观"。

从社会反响来说是，这个组合是很成功的，但是从经营管理上来说，我是失败的。当时大陆还没有包装歌星的概念，也不懂得要跟歌手签约。所以她们其实是自由身，出名以后，就私自出去接演出，闹得公司指责我。加上三个女孩儿人心不齐，工作难以为继。弄得我心灰意冷，持续了不到一年，组合就解散了。

虽然说这是个失败的案例，但是"失败是成功之母"，从中我也吸取了经验和教训，算是为日后包装歌星提前做了功课。

总之，从1988年正式调到广州中唱，再到1992年，这五年的时间，我的音乐创作不论题材还是风格都大大拓宽，唱响率比在江西时大幅度提升。在广州这座音乐高山的脚下，我开始稳步向着成功的高峰攀登。

很多人问我,哪里来的这么多灵感?

其实,灵感就在身边的细碎生活中。我是个热爱生活、关注时尚的人,社会热点、人情动态,热气腾腾的世俗生活,纷繁变化的人间百态,其中都蕴藏着最好的选题。

我们每个人其实都是创作家,人生的篇章如何谱写,全看你是否有一双善于观察生活的眼睛。

我一直认为,最朴实的民歌里有着最动人的旋律。同样的,最平常的生活中也有着最鲜活的诗情乐韵。希望你也能有一双创作家的慧眼,去发现身边那些小确幸的美好,谱写出属于自己的动人乐章。

"炒更"让我赚得第一桶金

都说现在的年轻人务实,对"赚钱"感兴趣。清贫半生的我,刚到广州时,不可能对"赚钱"掉以轻心。来中唱不久,我就听说了一个粤语词,叫作"炒更"。时常听同事们挂在嘴边,非常形象易懂:"更"是指半夜三更,"炒"是个动词,我理解想要多赚钱,就得把握好晚上的工余时间。

在江西,搞副业是个贬义词,指的是下班后干私活儿捞外快,职业道德不行,单位不提倡,甚至被禁止。到了广州之后才发现,身边人人都在"炒更"。文艺单位的歌手乐手们,在完成剧团的演出任务之余,晚上去音乐茶座、夜总会、歌舞厅私演,到音像公司唱歌、弹琴录音。公司的编辑、录音师,下班之后常常忙着帮其他音像公司编节目、搞录音制作。

我也立即入乡随俗。虽然中唱的工资比在南昌要高许多,但物价、生活成本也是水涨船高,所以,"炒更"自然是当务之急。

为席慕蓉的诗谱曲编录的《歌韵诗情》，其实就是我的"炒更"成果，是为南海明珠影音公司定制的。这家公司是港商黄先生在佛山开办的合资磁带加工厂，他们不满足只是帮国营唱片公司加工磁带，也希望能推出自己的音像节目，自产自销，增加收益。

在完成中唱的工作任务之余，我牺牲自己的工余休息时间，加班加点，帮他们编节目，录节目，合作推出了不少畅销产品。辛苦的付出换得了应有的酬劳，实现了自己的劳动价值。他们得到了专辑母版，加工发行后获得市场效益，双方合作双赢，合作得很愉快。

记得我刚调来中唱时，去录音棚观摩别人录音。有一位叫韩乘光的音乐制作人，正在监棚指导歌手录音，中间遇到一份谱子有问题，其中有几句歌词，怎么唱都不顺。其实，就是写歌填词的人，在词曲结合方面出了问题。我看着他们一筹莫展，就帮着作了些小小的调整，问题马上就解决了。韩乘光发现我在这方面很在行，就经常来找我帮他填词谱曲。

有一天，他让我把自己创作的江西民歌整理出来，他负责给我出一张唱片专辑。我心里有点儿打鼓，觉得江西民歌那么乡土气，在广东出磁带有人买吗？但他肯定地说，"只要你愿意授权，我们就帮你录音出版。"

我便选了16首歌给了他。没想到，他用时髦的电声乐队配器法重新编配了伴奏，让女歌手黎娅用流行唱法演唱录音，老民歌立马有了全新的感觉。虽然仍然具有浓郁的山野气息，但增加了很多时尚感。他把民歌专辑取名《甜甜乡情》，打出"东南风"的旗号推向了市场。

在"西北风"铺天盖地的音像市场，这盒"东南风"显得格外清新优美，市场反响特别好。破天荒地，发行这盒磁带的夏里巴唱片公司收到了很多听众来信，表示赞赏和喜欢。

随后，韩乘光又来找我约歌，打算推出《甜甜乡情》第二辑。我特别高兴，原来很多旧作品，只要能推陈出新，做一些创新改变，就能取得意想不到的效果。

后来，我开始与韩乘光所在的夏里巴影音公司建立了长期合作关系，陆续帮他们编了很多节目。他们也很慷慨，给我的报酬都比较丰厚。

这些经历，也使我改变了以往对广东人的偏见。他们虽然是生意人，但十分尊重我们这些有能耐的知识分子，而且他们对人诚恳，做事实际，有契约精神。以前在江西，多是人情社会，看似温情，但很多事并不能长久。反而是广州这种讲究契约，平等双赢，才能建立起长久且稳定的合作关系。

我跟好几家唱片公司的合作都保持了很久，除了帮他们编录专辑，还帮他们做了大量的填词工作。因为当时翻唱的港台流行歌曲，有些原来的歌词不太健康，必需重新填过，才能通过审查。而我不仅懂音乐，会记谱，又会作词。因此，上门找我填词的活儿应接不暇。

记得最夸张的一次就是，他们上午找到我，要求我一下午填完一整盒专辑总共12首曲子的新歌词。因为录音棚已经定好了，6点钟歌手李玲玉就要进棚开唱。六个小时填12首歌词，意味着我半个小时就要填完一首。可是中午12点我才拿到歌曲录音小样啊，我草草吃过午餐，便准备好纸笔和录音机，赶紧坐在饭桌前开工。

他们连谱子都没有，我必须先记谱，再填词。我就把磁带放进卡式录音机，听一句旋律，记一句谱子，然后参考原曲的内容和词句段落，边构思边动笔填词。傍晚6点钟之前，我已经填完了8首。他们先拿去给李玲玉录唱，我则继续接着填。晚上9点钟之前，12首歌词都终于被我填完了。

因为我效率高，速度快，质量还有保证。此后，找我填词的活就更多了，经常都是一盒一盒地拿来让我填，几年下来，不知道填了多少盒这样的港台歌曲。

填词其实对我的帮助也挺大的。因为反复听歌曲，以及记谱，也是一个深度学习的机会，港台歌曲的创作套路、优点都学到了，同时也锻炼了我的快速反应能力。

除了跟音像公司合作之外，也有不少单位企业找我写歌，其中我比较满意的是给白云山制药集团写的一首《爱心满人间》。

白云山本来有一首企业歌，但新上任的党委书记说，那首歌的旋律一句比一句低，把企业都唱衰了。他再三跟我强调："拜托您吴老师了，一定要给我们写一首曲调往上扬的歌。"

我心想这怎么可能？七个音符肯定是上下迂回的，但我觉得他们的要求也可以理解。因此整首歌我尽量保持昂扬向上的势头，尽管有迂回，但是结束句的旋律线一定是往上走的。

歌曲他们很满意，至今一直都在用，还成了白云山的广告歌。除了给了我原来约定的稿费，还额外给我发了一个大红包。

那些年，为各单位写的形象宣传歌曲有几十首之多，包括开发区、景点、工厂、公司、银行、医院、学校、幼儿园……在本职工作之余，我也是很努力地"炒更"赚钱。

靠着写歌、填词、编专辑、录唱片，这些专业音乐技能，为我赚得了人生的"第一桶金"。

我觉得，认真"赚钱"应该是年轻人应有的态度。毕竟，对于大家来说，世界的不确定性越来越大，肩负的责任也越来越大，"能赚钱"是对自己、对家人最大的保障。而且，"赚钱"还可以倒逼你快速成长，我就是在"炒更"中锻炼出了更多能力。

我前面说过，一个人最大的安全感来自自身实力的底气，这个实力其中一项就是"赚钱"的能力。

所以，脚踏实地，置顶赚钱的能力！

第十章 颂今音乐成了造星工厂

"甜歌小妹"杨钰莹

1989年前后,当"西北风"还在四方汹涌的时候,一股"甜歌风"开始漫漫兴起。

其实这股潮流可以追溯到台湾的邓丽君、高胜美等人,还有新加坡歌手韩宝仪的《粉红色的回忆》。白天鹅影音公司请原来唱越剧小生的李玲玉,翻唱了一盒港台甜歌,磁带就叫《甜甜甜》,市场反响非常好。后来《甜甜乡情》的成功,更让我坚信"甜歌"的市场潜力。

但当时市面上的甜歌大多是翻唱,鲜见大陆自己的原创作品。我便想做出自己的原创甜歌,让时尚的流行元素与中国传统民歌相结合,打造大陆特色的甜歌,以跟港台歌曲区别开来。演唱上我想寻求一种最纯、最美、最细腻的少女声音,更能吸引人。

考虑人选时,我想到了南昌师范幼师班即将毕业的杨岗丽。

杨岗丽9岁读小学三年级时，我就开始教她唱歌。儿时她在南昌市少年宫合唱团，我和指挥余贞一老师都认为她很有天分，对她特别看重。那时我就为她写了《拾稻穗的小姑娘》《小春笋》等歌，教她唱会后，带她去省电台录音。

我对她寄予厚望，是因为她具备很有利的天资条件——容貌俊俏，嗓音甜美。另外还有一点，她很小就开始唱我的原创歌曲，练就了一身"童子功"。当初我从南昌搬家赴穗，临走之前，还专门给她上了一节课，叮嘱她要好好学习流行唱法。

她毕业那年暑假，我把她接到广州，先后向我所在的中唱广州公司、白天鹅影音、太平洋影音、广州音像出版社等好几家公司推荐她，遗憾的是，她每次试音都表现得不尽人意。

但我一直坚信她潜力巨大，尤其声音清纯，非常符合唱甜歌的条件，对她的定位我都想好了，就是打造成《甜甜小妹》，专门为她量身定做了同名主打歌。

1990年初夏，惠州音像出版社想翻录一盘韩宝仪的甜歌，问我有没有合适的歌手，我便推荐了杨岗丽。

录音时，我特意请来了韩乘光，想向他推荐杨岗丽。录音虽然有点儿磕磕绊绊，好在最终还是上市了。盒带取名叫《90 韩宝仪》，封面用了一个香港明星的照片，没敢打上她的名字，只在封底标上很小的字样"演唱：杨岗丽"。如我所料，市场反响还不错，卖了 20 万盒，惠州音像的老总非常开心。

但当时最成功的甜歌手还是李玲玉，已经有了"甜歌皇后"名号。韩乘光此时已调到了新时代影音公司，他邀请我一起为李玲玉策划一个原创甜歌专辑，叫《为爱祝福》。结果专辑伴奏都录完了，李玲玉却迟迟不来进棚，原来是她的开价太高了，"新时代"接受不了。

录音师找来了一个云南音乐台的女主持录音，但我和韩乘光觉得唱得太差，完全不行。

我们都很着急，这个节目要在年底的订货会上推出，可歌手还没有着落。于是，我又推荐了杨岗丽，强调上次录制的《90 韩宝仪》卖了 20 万盒。

韩乘光一听 20 万盒，就有些动心，和录音师商量了一下，同意让杨岗丽再试试。

"新时代"的录音棚设在广东迎宾馆，是租酒店客房改建的，中间有一个玻璃窗隔开，杨岗丽在里间唱，我们三人在外间监控。

录音时，杨岗丽翻来覆去地唱，有时候仅一句曲调就要唱上百遍，唱得不好就重来，直到她找到感觉为止。她站久了累得受不了，哭鼻子，但我们像"三堂会审"一样，不唱好就不能休息。

折腾了一个星期，终于录完了两首歌。审听时大家都挺满意的，决定让杨岗丽将专辑剩下的歌曲唱完。

大家都觉得杨岗丽的声音比李玲玉的还要清亮、甜纯。"新时代"为她改名叫"杨钰莹"，说有"金"有"玉"又有"草"；金、玉之贵自不必说，而草是会发的。就这样，她以"杨钰莹"的名字正式出道。

杨钰莹的首张原创歌专辑《为爱祝福》非常成功，在珠海召开的全国订货会上，就轻松订出了20万盒。"新时代"乘胜追击，开始策划第二张专辑。这张专辑有了足够的时间，我可以根据我对杨钰莹的"甜歌小妹"的定位来设计创作。于是，我创作了《风含情水含笑》《茶山情歌》等歌曲，力求思想内容健康，音乐风格民族化，雅俗共赏，符合中国老百姓的传统审美观。

我还有一层考虑，那就是想通过歌曲将杨钰莹推上中央电视台。因为在当时，上了央视不仅意味被市场接受，更意味着得到了权威的肯定。

第二张专辑因为完全是度身定做，效果自然是更好、影响也更大。1992年底，这张专辑发行一周年的时候，因为《风含情水含笑》发行量突破100万盒，"新时代"给我颁发了一个"优秀创作奖"。

白天鹅影音公司的老板梁先生也在颁奖现场，几乎是捶胸顿足地说："当时怎么就没有看出这个女孩子这么漂亮呢？还唱得这么好！"

当时去白天鹅推荐杨钰莹时，她一点儿自信也没有，低着头不敢看人。一个人如果没有自信心，光彩是表现不出来的。可以说，自信是人最吸引人的外衣。

太平洋影音的副老总王今中也说："想不到这个杨岗丽今天会这么红，真是多亏你啊！"因为之前他也拒绝过我的推荐，认为杨钰莹今天的成就都是我坚持的结果。

"新时代"对杨钰莹也非常器重，给她租了房子，配了专车，还请了保姆，这在当时的歌坛非常少见。"新时代"那时只有两名签约歌手：杨钰莹和毛宁。由于杨钰莹走红，"新时代"在推毛宁的时候就借杨钰莹之势——将他们称之为"金童玉女"。

1991年，"新时代"将杨钰莹推上了央视的"旋转舞台"栏目。

演唱的就是我为杨钰莹量身定做的《茶山情歌》和《风含情水含笑》，两首歌一时间风靡全国，将杨钰莹的人气又推高了一层。

这两首歌之所以能上中央电视台，重要的是歌词内容起了关键性的作用。当时中央电视台对爱情流行歌曲把关非常严，歌词必须层层审查，通过才能播出。我创作的《茶山情歌》主题是劳动与爱情，《风含情水含笑》里我特别设计了一句歌词"阿哥凯旋归"，意在说明"阿哥"是一个上进有为的青年，表现的是健康向上的爱情。正因为符合积极向上的导向，真善美的情感，才能在央视顺利播出。

随着中央电视台的传播，"新时代"开始带着杨钰莹到全国各地巡回演出，从东北到华北、华东，再到西南、西北，杨钰莹的影响力向全国辐射开来。

流行歌曲和歌星的相互关系从来都是两种，一种是"歌带人"，一种是"人带歌"。当一个歌手还没有出名的时候，需要靠优质的歌曲来把人带出名，所谓"歌带人"。我给杨钰莹写歌的时候，是人们怀疑她的唱功、能力，甚至容貌的时候，正是我为她量身定做的一批好歌，把她托举带出来了。等她后来红极一时了，就变成了"人带歌"，随便谁给她写歌，随便什么样的歌，她一唱都能引人关注。

人生就是这样，消沉与繁盛，交替莫测。所以，不管我们处于哪一种状态，不用惊慌，更不必激昂，保持平常心。

失意时，不轻视自己；得意时，不轻视他人。

遇事，尽己所能，也许，下个路口就会遇到转机。

"民歌小天后"陈思思

1993年,深圳的老朋友企业家叶华光找到我说:"颂今老师,你愿不愿意再造一个杨钰莹啊?我发现深圳有一个女孩儿很不错。"

在叶总的极力推荐下,我答应见一见这个女孩儿。到了深圳,发现这位长发飘飘的湖南妹子唱得真不错,她给我唱了《南泥湾》和《洪湖水浪打浪》,嗓音明亮,模样清纯。听说她叫陈思,刚刚从湖南怀化师专毕业,曾师从湖南著名声乐家韩玉波教授,颇得民族唱法精华。我看她先天条件非常好,音色纯正、音域宽广、丽质天成,当即决定,要将陈思思打造成才。

叶总还极力夸赞陈思的人品,有很多地方邀请她去演唱,她从不摆架子,对一些小规模、小范围的演出也从来不轻视,只要答应了演出,都会认真对待,哪怕生病高烧都坚持去,不愿让观众失望。这更让我下决心捧红她。

陈思跟我说,她想走杨钰莹的路子唱甜歌,我觉得不可取。我对她说："杨钰莹已是如日中天，你要做第二个杨钰莹，很难超越她。你有你自己的优势，为什么不发挥自己的优势呢？"

在我看来，陈思有一副唱民歌的好歌喉，声音甜且温婉，而且她大学的主科就是民族唱法，功底扎实。她的形象也很出众，有江南水乡女子的秀气，又有湖南妹子的清甜。她完全不用做"杨钰莹第二"，而可以成为"陈思第一"。

我对她说："你应该扬长避短，在民族唱法的基础上吸收一些通俗唱法的优点，形成一种新的唱法。如果走纯民歌的老路，你比不过宋祖英；如果唱流行甜歌，除了杨钰莹挡在前面，全国优秀的流行歌手遍地都是。唱通俗，你只是百花园里第99朵玫瑰，但若走民歌通俗化的道路，这是一个创新性的探索，你将成为第一朵红牡丹。"

对她的艺名，我有新的考虑。我跟她说："'陈思'听起来像'沉思'，感觉有些严肃，不符合女歌星的状态。我听你妈妈唤你'思思'，这个名字倒挺不错，你就叫'陈思思'吧。"
大家一致通过，陈思正式改名为陈思思。

为陈思思写歌时，我主要考虑到两点：
一是，她活跃在深圳特区，而特区人数最多的是外来年轻的"打工族"。他们大部分来自农村，民族风的歌曲对他们很有吸引力。因此，抓住"打工族"这个听众层，就把住了陈思思发展的"命脉"。

二是，以爱情为主题，走纯商业化的道路。她外形靓丽，唱爱情歌曲肯定讨人喜欢。

我想起以前为港台歌曲填过一首词，大意是妹妹送哥哥去打工，希望情哥在外平安之类。以此为灵感，我新创作了一首内容健康的情歌，叫《情哥去南方》，渲染的是农村姑娘送即将南下打工的男友依依惜别、恋恋不舍的浓情。在音乐上我采用了湘赣民歌，接近湖南花鼓戏的调子，突出了陈思思家乡的音调。

另外，我还写了一首歌叫《桃花丽人》，讲的是男主角来到桃花源，遇见一个美丽的姑娘。第二年春天他又来到桃花林，桃花依然灿烂，佳人却不知去向何方。

陈思思老家常德，那里有个桃花源是著名景点。我原本想将《桃花丽人》作为她新专辑的主打歌，后来又一想，觉得《情哥去南方》更有现实意义，且与当时的南下打工潮很吻合，更容易引起珠三角打工人群的共鸣，做主打歌更合适。

为她，我一口气写了二十多首歌，从中精选出12首歌录制了第一张专辑。

陈思思的悟性很高，有些歌手初录音时都是一句一句修改，有时一首新歌需要几天几夜的修改和完善。可陈思思录一首新歌，最长的时间也没有超过半天，所以她的专辑只用了几天就录制完成了。

随后，我联系了广州数一数二的摄影师为陈思思拍照，精心设计出宣传海报、盒带和CD封面等。我们是5月份与陈思思签约的，一直到年底才推出唱片，所以这个专辑做得比较从容，也十分完美。

歌出来后，开始筹拍MTV。我邀请江西电视台的罗育高导演执导。为了突出歌曲的现实题材，我编写了一个乡村姑娘送心上人出门南下打工的故事。我和罗导商定，决定采用纪实风格，拍摄一部类似纪录片的MTV作品。

为了与北京"四大民旦"豪华唯美的音乐电视形成反差，我决定选在真实的农村、小火车站、建筑工地实景拍摄。人物造型走写实路线，陈思思扮演的村姑素颜出镜，身上的的确良碎花衬衫是在村子里找农家妹借的旧衣服。我从家里的箱底翻出来一件多年未穿的旧的确良衬衣，在军品店淘到一件落满了灰尘的旧军裤和解放鞋，给扮演情哥哥的男演员穿上，活脱脱一个农村退伍兵。

我们将外景全部放在龙虎山拍摄。龙虎山是江西的5A级景区，中国道教的发源地，风景旖旎，附近的自然村落也是一派世外桃源的景象。1992年，我去龙虎山参加道教国际文化节时发现了这里的美景，所以拍《情哥去南方》MTV时，我首先想起了这个地方。

其中有一个镜头需要陈思思在河中撑竹排，她不会游泳，害怕掉到河里，跟我说："吴老师，能不能我坐着，让熊光强（情哥哥的扮演者）来撑竹排啊？"

我说："不行，是你送情哥哥去南方，肯定是你撑排，你怎么也得学会。"

于是她在竹排上反复练，开始时还要人扶助，后来就撑得有模有样了。我一直对陈思思这种愿意学习的态度很欣赏，很多时候，你越愿意学，也就越有人愿意帮你。

后来，我们又在深圳、广州、花都等地拍摄了建筑工地、民工工棚、火车站、繁华街道等场景。完成了《情哥去南方》MTV后，又在南昌的著名景区梅岭拍了《山里妹子真漂亮》和《崖畔上开花》两首歌的MTV。

拍《山里妹子真漂亮》的导演也是罗育高，他还兼任摄像。为了拍陈思思出嫁的全景镜头，他跳进水沟里，扛着摄像机跟拍。他为了要跟我谈创意，从外地开车赶回来时路上撞了车，满脸是伤，一直到拍摄的时候，脸上还贴着胶布。

努力终有回报，1994年中央电视台举办MTV音乐电视大赛，《情哥去南方》在女歌手们千篇一律的珠光宝气中脱颖而出，一举获得银奖。

改革开放40年之际，央视评选的"40年40首歌"系列节目，这首歌被誉为反映南下打工潮的第一首"打工歌曲"，在开篇就播出了对我和陈思思的访谈。

陈思思是颂今音乐工作室第一位签约歌手，除了创作录制，其他所有杂事也都是我包办，包括撰写宣传文案，联系媒体报道，电台打榜，电视访谈，推荐上晚会，书店搞签售，都是我一个人亲历亲为。做宣传是最辛苦的，短短两个月，几乎跑了大半个中国。上午在广州，说不定下午就在北京了，那会儿真希望自己会分身术。

好在所有的付出都是值得的，《情哥去南方》盒带、CD制作出来后，迅速在全国各地传唱开了。这首歌面向"打工族"，自然就得到了"打工族"的追捧，一时间陈思思被誉为"打工仔们的情妹妹"。

《情哥去南方》与于文华演唱的《纤夫的爱》南北呼应，掀起了时尚"新民歌"热潮。陈思思也被许多音乐界权威人士誉为中国"四小民旦"之一。

《情哥去南方》得奖我是有信心的，但陈思思跻身全国民歌手前茅是我想不到的，也是不敢想的。

1996年，陈思思在中央人民广播电台"全国听众最喜爱的歌手"评选活动中获得了民族唱法组"十佳歌手"称号；1997年，她一鼓作气，再接再厉，在同一评选中又拿到了民族唱法组银奖。

确实，酒香也怕巷子深。尤其社会竞争激烈的今天，要天时，要地利，更要人和。一个歌手再有实力、形象再好、所选方向再有前景，若没有优秀的企划、宣传、经纪团队做后盾支持，也是很难以成功的。

也因此，很多人说，机遇大于才能。

但是，若才能不够，遇到了机遇，也留不住机遇，更别说靠着机遇起飞。正如，我的包装策划再厉害，若陈思思自身能力不行，不努力，也不会有如今的成就。

所以，最应该做的是，机遇到来之前，好好修炼自身，如此，机遇来的时候才能牢牢抓住。

校园青春偶像周亮

1993年夏天,我收到了南昌市歌舞团张燕团长寄来的一盒样带与照片。照片中女孩儿的眼睛又大又明亮,特别有"星相"。我一听样带,便断定她的声音有磁性,听众会喜欢。张团长说,女孩儿叫周亮,是她们团里的独唱演员,让多提携指导。

我马上回南昌跟这个叫周亮的女孩儿见了面,决定要好好培养她。

周亮出身于京剧世家,从小样板戏就唱得非常好。1992年年初,她考入南昌市歌舞团,担任主要独唱演员,在多项流行歌曲大赛中都得过奖。她觉得歌舞团发展空间太小,想要一个更大的舞台。团长张燕爱才惜才,便推荐给了我。

准备包装周亮的这一年,广东乐坛开始出现颓势,新人要想出人头地已经很不容易。

周亮是属于唱功与颜值俱佳的歌手，歌声比较清亮，一如她的名字，再结合她清纯的模样、爽朗的性格，我对她的定位是六个字："清纯、亮丽、活泼"，决定把她包装成少男少女的青春偶像。

我对她的定位要求是十分严格的，比如她以前是长发，我让她割爱，剪成短发；衣着也以"短打"为主，短裙、短衫，动感利索，时尚明快。

在当时的乐坛，还没有这种类型的女歌手，周亮是第一个，这样才能有脱颖而出的机会。乐坛就是这样，独特的"第一个"，成功率一般都是很高的。假如当时我把周亮的歌路定位在情歌上的话，周亮未必会红，唱情歌的人实在是太多了。

其实很多行业也是如此，做"第一个"很难，但做好了，就能成"第一"。

确定了定位，我便着手为她写歌。随便写几首流行曲不难，难的是要有一首最能代表周亮形象定位的主打歌。我希望她能够一炮打响，我也深信她能够一炮打响。

1994年春节前夕，我们一家人去哈尔滨旅游。北国晶莹剔透的冰雕，琼枝玉叶的树挂，让我感觉到了冰天雪地的独特魅力，一个绝妙的创意也从我脑海中跳了出来！

以冰天雪地为背景，以冰清玉洁为题材，为周亮写一首歌。而且彼时还没有以"冰雪"为主题的歌曲，也没有以"冰雪"为背景的 MTV。

创意已定，马上寻找合适的歌词。正巧在刚出版的《通俗歌曲》杂志上，看见一首《你那里下雪了吗》，是一位叫胡新海的词坛新人创作的。"你那里下雪了吗？面对寒冷你怕不怕？可有炉火温暖你的手？可有微笑填满你的家……"正是我要寻找的意境。

周亮的定位是现代都市的时尚女孩儿，她的歌曲风格自然也要突出都市化、现代感。几经思考，以娓娓诉说的语调，谱写了时尚流行风旋律，似乎一个轻柔的声音，在耳畔轻轻地吟唱着问候。

我又邀请了广州的编曲高手王钢来编配伴奏音乐。他别处心裁，在前奏加入了几声气泡音，一下子就把听众带入了冰雪皑皑的意境。

对演唱表现，我要求周亮采用介乎于说话与唱歌相揉和的手法来处理。周亮很聪明，对于歌曲意境和我想要表达的意思很快就领悟了，一天便顺利完成了录音。

花时间最多是歌曲的一头一尾，我要求她录一句道白："你那里下雪了吗？"不能有一点儿朗诵腔，不能有一丝表演痕迹，要像对着亲密的人耳畔的一声低喃。她翻来覆去试了好多次，我都觉得不理想。最后她试着用心灵独白的语气淡淡道来，终于过了关。

单曲录成后，我便送去各地电台打榜，很快就产生了不俗的反响，而且还吸引到了音乐界的腕级人物刘真。

刘真是中央电视台的著名导演，曾拍摄过孙悦的《祝你平安》MTV，荣获国家级金奖。他听到这首歌后，认为很符合他的导演风格，决定再拍出一首精品。他拿出了一个十分精巧的创意：周亮扮演一位年轻的美术教师，每天给一个生病的小女孩儿教画画儿。在一个下雪的冬天，小姑娘再也不能挥动画笔了。女教师内心无限伤痛，走进人们为纪念女孩儿而举办的画展，她惊讶地发现：女孩儿的每一幅画，画的都是自己感激与爱戴的老师。

整个 MTV 的制作耗资达十多万元，在当时堪称大制作。人物造型、场景设计、灯光处理都尽善尽美。拍摄得很顺利，几天就完成了。摄制组的一位大哥对周亮说："亮亮，你就等着捧个大奖吧！"

果然不出所料，这首 MTV 获得了"95 中国音乐电视大赛"的银奖。

《你那里下雪了吗》音乐电视走红后，我们就紧锣密鼓地策划出版她的专辑。我深知，一张专辑要想畅销，除了歌手要有实力外，还需要一群有实力的制作群体。于是，我请来了众多大人物：金耳朵录音师徐浩然、武立峰、香港著名摄影师郑仲伟、香港著名化妆师蔡珊珊、香港新锐造型师钟德华等等，从作词谱曲到录制新歌，从发型设计到服饰打扮，从摄影造型到海报设计……每一个细节，都力求完美。当时我都想，这张专辑想不红都难。

在所有的歌都录好之后，我没有着急"上市"，而是先将全部歌曲在同一个电台同一个栏目中反复播放，然后请听众投票，选出他们最喜爱的一首歌，作为专辑主打歌。

随后，我们确定了跟江西省电台的《青春快车》栏目合作，举办这次别出心裁的展播活动。播出一个月后，收到了大约有四千多封听众来信，12首歌中，《你那里下雪了吗》票数最多，其次是《女孩的心思你别猜》居二。

这个新奇反常规的做法引来了很多歌迷以及唱片公司的赞赏，也正是这种以市场为基础的策略，使得客户们一致看好周亮的独唱专辑，11月底的音像订货会上，盒带订货量一举突破白金数，CD唱片的订货量更是排名第一。主打歌《你那里下雪了吗》也在三十多家电台的歌曲排行榜上榜。有意思的是，随着歌曲在各地电台的播送，那一年从北到南，雪也下得特别大。周亮的歌声伴着雪花，唱进了人们心里，被称为"这年冬季最温暖的声音"。

从广东走向全国，周亮仅仅用了一年的时间。这不仅是广东乐坛的奇迹，更是大陆流行乐坛的奇迹。

包装歌手，首先要确定歌手的定位，这个定位，既符合歌手自身条件，且还能放大歌手本来的优点，简要说来，就是"适合"。适合的定位、适合的歌曲、适合的形象、适合的市场……"适合"越多，歌手成功的可能性才会越大。

我们每个人都是自己的制作人，我们也需要给自己找到一条适合的路、一双适合的鞋，如此，我们才能画出自己人生旅程中的优美风景。

"澳门歌王"黄伟麟

1995年，我第一次去澳门，想了解一下当地的音乐状况。珠海电视台的朋友帮我联系了澳门电台的音乐节目总监龚惠芬，她很热情，带我参观了电台，刚好碰上一位年轻人在他们台的录音棚录歌。龚惠芬说他是澳门的业余歌手，叫黄伟麟。我在一旁听了，觉得这个小伙子唱得很不错，混血儿的外貌也很英俊，本能地想着是块值得包装的好人材。

第二年春天，我又去了澳门，又去见了龚惠芬，还认识了一位澳门音乐制作人李健基，他是澳门电台的录音师。

龚惠芬跟我谈到上次将陈思思、周亮的唱片送给她的事情。她说这些歌曲电台都播出了，反响非常不错。她问我："你能不能帮我们包装一个澳门的歌手？"

我第一反应是，不可能吧，澳门和内地差别太大了。

回来后，我发现北京的音乐制作人苏越包装了一位日本女歌手，名叫酒井美子，在中国大陆推出了。我心想：既然苏越可以包装外国人，那我为什么不能包装澳门同胞呢？

如此，我再次联系了龚惠芬。不久后，黄伟麟拿着龚惠芬的介绍信来广州找我，双方谈得很投机。但当时广州歌坛的现状，签约歌手都是需要自筹资金的。像陈思思、周亮都是自费歌手，所以黄伟麟也不能例外。但是黄伟麟当时只是一个澳门的小公务员，拿不出钱，但是我又不想放弃。怎么办呢？

1997年7月1日，香港回归，那一天我在毗邻香港的深圳感受回归的气氛。大街上到处是"迎香港、庆回归"之类的横幅和彩旗。我看着飘扬的旗子，突然想到再过两年澳门就要回归了，我可以把黄伟麟包装成一个澳门回归的音乐使者、一个澳门同胞的代表、一个澳门歌坛代言人。这样的话，社会效应影响自然会很大，宣传起来就容易了。至于费用，可以去找一些爱国团体或企业家，请他们赞助支持黄伟麟推出回归歌曲。

1998年除夕，我看到中央电视台春晚节目中的一首《大中国》，更坚定了自己的想法。《大中国》的演唱者有三个人，内地的毛宁、香港的刘德华、台湾的张信哲。当时我就想，《大中国》怎么能没有澳门歌手呢？如果让澳门的黄伟麟上去，"大中国"就完整了。

沿着这个思路，我为黄伟麟构思了一首抒发澳门同胞盼望回归的歌曲，从澳门同胞的角度去唱"我要回到母亲的怀抱"。

我去珠海约见了黄伟麟，把自己的想法和创意告诉了他。他一听非常赞成，觉得这个主意很好。我说："一首歌的创作和录音制作，再加上拍MTV，都需要花钱。你回去想想办法吧，能拉到一笔赞助就好了。"

黄伟麟回澳门不久，就带来了一位叫珊桃丝的土生葡人来广州与我见面。她是澳门市政厅里有点儿地位的女官员，对黄伟麟出歌的事非常支持。他们成立了一个支持黄伟麟的机构，珊桃丝担任主席，全力以赴地帮黄伟麟张罗资金的事。

1997年12月8日，我和黄伟麟在澳门假日酒店正式举行了签约仪式，澳门新闻界、演艺界、电视圈等全都有代表出席，来了五十多人，算是个相当大的场面，毕竟澳门歌坛从来没有一个本地歌手和内地的唱片公司签约。

这在内地也是热点，澳门回归祖国前夕，澳门歌手签约内地唱片公司，本身就是一件很有意义的事，全国的报纸都争先恐后报道黄伟麟签约的事。

我也在全国的音乐报刊上刊登了一则"征歌启事"：《中唱颂今音乐工作室向你约稿——为澳门歌手黄伟麟写歌词》，很快就收到了两千多份来稿，可失望的是并没有一首完全适合黄伟麟演唱。

黄伟麟是葡萄牙人和中国人的混血儿，看上去洋味儿十足。我以前的作品民族风格比较浓郁，但黄伟麟的这首歌应该是国际范儿的音乐形象。在这种情况下，我只有想办法约一些人来写，可到了1998年秋天，还没有合适的。

我又向樊孝斌约稿，他曾经是《心声歌词》刊授学校的学员。我把这首歌词的要求，以及之前征集来的歌词为什么被否定的原因等等，都详细地告诉了他。三四天之后，他交给我一首歌词，基本上符合我的要求，我和他商量着对其中的词句再修改了一番，定名为《恋曲1999》，我便开始谱曲。

根据我的定位，歌曲应该是比较浓的澳门风格，既要洋气，又要时尚，对我真是一次的挑战！后来证明，我谱写的曲风非常符合我对黄伟麟的定位。

考虑到今后这首歌的使用场景，我给《恋曲1999》做了两个不同的版本，一个是通俗版，就是用电声流行乐队伴奏的，后来用得最多的是这个版；另外一个是高雅版，采用西洋室内乐伴奏的形式——钢琴五重奏,是考虑到黄伟麟将来有可能参加一些政治性、礼仪性的演出,可能用得着。

11月份,这首歌终于定稿了,我们选在1999年元旦——澳门回归之年的第一天,在中唱开始录音。录制非常顺利,效果也完全达到了预想。意外的是,黄伟麟进棚当天,就有香港无线电视台的记者扛着摄像机来录音棚采访他。看来,我为澳门歌手录歌的事真是个大新闻。

1月4日,歌曲合成好了,我将这首歌的录音小样刻成碟,连同曲谱和黄伟麟的照片简介,寄给了央视文艺部主任邹友开和央视春节联欢晚会剧组,还寄了一份给当时央视戏曲音乐部的主任孟欣。

1月7日,一个北京的电话打进我的手机。一个女声问:"您是吴颂今先生吗?"

我回答了"是"之后,她接着说:"我是中央电视台春节联欢晚会的音乐导演,我叫陈雨露。您寄来的澳门歌手黄伟麟的资料我们收到了,台里有关领导审听了这首歌,觉得黄伟麟唱得不错,决定请他来参加春节联欢晚会,行吗?"

我说:"行啊,太好了!"

我马上通知黄伟麟,告诉他:"因为这首歌,中央电视台已经决定邀请你参加春节联欢晚会了。"

黄伟麟简直不敢相信："真的？"

我说："是啊，中央电视台的春节联欢晚会可不是一般的人能上的，上了这个晚会，就意味你在中国要家喻户晓了。你真是太荣幸了！"

那年大年初一是2月15日，央视要求我们提前4天，即2月11日到达。春晚当天的直播现场，黄伟麟代表澳门，同内地的韦唯、台湾的苏芮、香港的温兆伦，四人同台合唱了一首歌，真正体现了"大团圆"。

黄伟麟真的是一夜爆红、一鸣惊人、一举成名！此后，央视所有涉及澳门题材的大型晚会、专题节目，都少不了他出演，黄伟麟成了中国歌坛的澳门形象代表。

12月，在澳门综艺馆举行的澳门回归中国交接仪式，国家主席江泽民出席了这次庆典。交接完毕的文艺表演，登台独唱的澳门歌手只有黄伟麟一个，他唱完《恋曲1999》后，江泽民主席还上台与他握手。后来在2000年澳门回归一周年的晚会上，江泽民主席又跟黄伟麟握了手。两次与国家主席握手，我觉得这是黄伟麟歌唱生涯中最高光的一幕。

正是因为我们抓住了澳门回归这一历史事件的机遇，才成就了他的辉煌。假如当初自己没有这个意识，黄伟麟就很可能到现在还未为国人所知。

人要成事，必需要有时运。看起来，似乎是人力不可及的事；事实是，所有机遇皆有迹可循。

只需多看、多思、多想。多看世事，保持敏锐，去发现趋势，发现机会；多思本质，保持好奇，去探究来源，追问根本；多想关系，去发散链接，思考联系。

都说机会，可遇不可求，可若不主动出击，又如何能抓住呢？

影视歌舞四栖明星朱含芳

我和朱含芳认识是在电视剧《广州教父》的新闻发布会上，发布会晚宴我和她坐在一桌，一聊发现都是南昌老乡，自然就认识了，此后她经常跟我联系。

有一天，她对我说："吴老师，我到您门下做签约歌手好不好？"我说："当然好啊！"

虽然我随口答应了，但她跟我之前包装的歌手都不一样，她已经被广州乐坛大名鼎鼎的作曲家李海鹰包装推出过一次，这对我来说是一种压力。如果是张白纸，比较好画出新的图画，但她这张图已经是五彩缤纷了，再在上面描绘，难度可想而知。况且她的期望值还特别高，希望自己能像周亮或者陈思思那样往前大跨一步。

这对她而言是一个新的机遇，而对我而言则是一次考验。

朱含芳能歌善舞，还会演戏、主持，于是将她定位为影、视、歌、舞四栖的明星。虽然她在广东省小有名气、得了不少奖，但没有得过全国性的大奖。为此，我为她量身定做，写了一首文化底蕴比较深的《敦煌之恋》，用流行歌曲表现中华民族悠久的历史神韵。另外，考虑到朱含芳本是舞蹈演员出身，可以在 MTV 里发挥她的舞蹈特长。这些都有利于竞争全国性的大奖。

我请了湖南电视台的导演谢逢卓和甘肃电视台的导演，来拍《敦煌之恋》的 MTV。片中朱含芳有两重身份，一是现代都市女孩儿，背着行囊去敦煌旅游；另外一重身份是敦煌壁画里的飞天女，旅游女孩儿看着看着，壁画上的仙女突然复活了，在女孩儿面前反弹着琵琶翩翩起舞。

谢导在潇湘电影制片厂搭了一个敦煌洞窟的内景，拍完朱含芳在洞窟中寻觅，还有飞天女跳起反弹琵琶舞之后，再去敦煌的沙漠中拍外景。当时已是 10 月底，敦煌的气温已经很低，朱含芳穿着宽大的白纱长裙，西北风刮来，身上的裙子被吹得飘飘欲仙，看着很是唯美，但她却冻得直打哆嗦。

但这苦头绝没有白受，在全国各省市电视台联合举办的中国音乐电视大汇串比赛中，《敦煌之恋》MTV 一举夺得金奖，这是她获得的第一个国家级金奖，也算是得偿所愿了。

另外，我还给她写了一首《送你一束馨香》，也是一首歌舞曲。她的整张唱片专辑里，大部分歌曲的音乐都是舞曲风格，便于她在表演时充分发挥舞蹈特长。

合作期间，我们还做了一次很有意思的探索——和企业合作。不像现在，一个明星为好多家企业代言，但在当时，歌手是很少有机会跟企业合作的。

合作的第一家企业是广东省南海市中南铝合金轮毂厂，他们想寻找一个演员做牛仔服的模特儿。我先让朱含芳拍了一批牛仔服的照片，他们觉得很满意，于是谈了一个对三方都有益的策划：朱含芳做公司的形象代言人，企业出资，我们包装。协议签了之后，朱含芳演唱了为铝合金轮毂厂写的粤语歌《我和你》，歌中的"你"与"铝"谐音，暗中宣传了企业的主要业务。

当年的6月份，中南铝合金轮毂厂参与了在北京展览中心举行的一个国际汽车博览会，作为形象代言人，朱含芳每天都去产品展示现场。轮毂厂还租了一面电视墙，不停播放朱含芳演唱的《我和你》MTV；他们还印了大量的海报，朱含芳靠在一辆高级轿车上，画上印着"名车配美铝"五个醒目大字，在粤语里，"美铝"与"美女"谐音。成百上千的人拿着她的海报请朱含芳签名，她签了一天下来手都软了，笔都抓不住了。

我们还连夜赶制了《我和你》的 VCD，但 VCD 不是每一个观众都赠送，必须是同行业的客户用一张名片来交换。结果带去了一万张 VCD 全部发光，换回了一万张同行的名片。展览会期间，他们的铺位一天到晚都是人山人海，而同行的铺位则门可罗雀。

厂长张总对我说："这次参展的效果真是特别好！如果按照平常，花钱到报纸登一个整版广告要一二十万；请个礼仪小姐，说不定还可能应付差事，冷若冰霜。但朱含芳就不同了，哪怕签名签得手软，她还是热情不减，坚持了一整天。真是太值了！"

协议里约定铝合金轮毂厂须出资为朱含芳制作专辑，所以《敦煌之恋》《送你一束馨香》《我和你》等等，都是那家企业出资拍摄的。

当时还有人笑话我们"以商养歌"。但朱含芳的事实证明，这种做法值得很多歌手去学习、借鉴，这是解决歌手缺少音乐制作资金的一条捷径。

有的人总会自以为是地去笑话、排斥自己并不了解的新事物，以此来彰显自己的自信。却不知，这样的自以为是，反而会让自己变成那个笑话。

所以，一定要保持开放进取的姿态，才能够一次次突破自己。

我从来不是一个安分的人，对所有的新事物总是跃跃欲试，这样的心态让我在似乎此路不通的时候，另辟蹊径。

希望你也能成为一个不安分的人。

一代《天骄》杨洋金彪

从 1994 年开始,大量的歌坛新人雨后春笋般萌出。广州歌坛竞争空前激烈,很多歌手为了谋求发展纷纷北上,比如毛宁、林依轮、高林生、甘萍、李春波……这些广东乐坛最具实力的歌手一个接着一个北上。我也一直在寻找潜力歌手,以期打开这低迷的景象。

1994 年,陈思思去中央电视台举办 MTV 音乐电视大赛颁奖领奖的时候,我看到两个帅小伙儿也在台上领奖,他们演唱的《两团火》获得了金奖。我一下子就记住了他俩的名字:杨洋和金彪。

他们是一个边歌边舞的青春组合,我觉得非常新颖,立即找到他们,表示想与他们合作。虽然我满心期待,但他们没有马上答应,让我心里很是遗憾。但我并没有放弃,彼时他们虽然小有名气,但是并没有真正火爆起来。虽然现在的"爱豆"们大多是以唱跳组合出道的,但在当时,国内还没有唱跳组合,我觉得这种新颖的艺术形式,一定是未来乐坛发展的一大趋势。两年之后,我再次找到杨洋和金彪,告诉他们我的设想——将他们打造成当时内地最受欢迎的歌舞组合。

我对他们是有信心的，他们唱功不错，舞蹈功底看起来也扎实，最大的不足在于缺少一个强有力的推手，缺少一个整体的包装，而这正是我的强项。

1996年11月，我们同他俩正式签约了。

杨洋和金彪是哈尔滨人，所以我给他们创作的第一首歌就采用了东北二人转的基调。但是又把地方特色和新潮的歌舞律动、流行音乐的节奏糅和在一起，甚至还添加了一些DISCO和摇滚的节奏型，把中西、土洋都糅和起来。在歌词上，我选了汪光房的一首词《我给青春一个吻》，年轻时尚，谱上旋律后，律动感十足，再配上他俩张力十足的舞蹈动作，更加深了歌曲的感染力。

《我给青春一个吻》是他俩首张专辑的主打歌。此外，我还为他俩度身定做了其他原创作品，比如《情人节请你跳舞》《伤心时给我来个电话》《I LOVE YOU 就是我爱你》等，所有的歌都与"青春"有关，从而为杨洋、金彪打造"青春代言人"的形象。

同时，为了弱化地域特色，俘获南北歌迷的心，让听众既能感受到南方的细腻柔情，又能体会到北方的明快直接，我还邀请了阎肃、孙川、刘克、梁军等北京与广州两地的顶尖音乐人共同操刀完成。

寄予厚望的专辑，没有让我们失望，一炮打响，首批就销售了差不多十万盒。

有一次，我们一起去合肥电视台演出，音像书店临时安排了一个签名售带。因为他们的专辑刚刚首发，之前都没做大规模的宣传，而且当时正值暑假，天气非常炎热，我有些担心，到时候会不会有人来。

结果那天下午活动还没有开始，书店门口就挤满了人。我们自己都差点儿挤不进去，场地附近的天桥上也人满为患，甚至周围的树上都爬了许多人。当时现场只贴了一些海报，找了台录音机播放着他俩的歌。这些围观的人都是被歌声吸引过来的。可人太多了，我特别担心出事，好在也因为人太多把警察引来了，有警察维持秩序，我才稍稍松了口气。

那一次签售的带子，数量多得出乎我们所有人的意料，杨洋和金彪的手都累得握不住笔了。他们第一次做签售，就如此火爆，虽然累，但他们都非常开心。

此后，他们也朝着我设想的道路飞速发展，先后获得韩国亚洲歌手邀请赛最受欢迎组合奖、中韩建交一周年演出特别功勋奖等，也被许多评论家誉为内地最受欢迎的演唱组合。我当初的构想，完全实现了。

其实，在很多情况下，歌手能否把握好一首歌的风格演唱技巧，与制作人有很大的关系。虽然歌手在平时练得非常好，但是进录音棚以后往往很难快速找到感觉，这时制作人的作用就凸显出来了。制作人旁听者清，会帮助歌手找到不足，从而能让歌手把这歌演绎得更加完美动听。

比如我在帮杨洋和金彪录制《我给青春一个吻》时，有一句歌词："醉得笑盈盈"，感觉一直唱得都感觉很别扭。后来，我说不一定唱"得"，可以唱"得"和"了"的中间音，故意唱得含糊一点儿，可能会更好听一些。他们一试，果然歌曲的情趣就出来了。

杨洋、金彪自出道以来都是二人演唱组合，而且唱歌跳舞都非常默契。也许两个人的力量总比一个人单枪匹马大得多，所以他们在歌坛上取得了不俗的成绩。这其中的"合作之心"，也是单打独斗的歌手所难以体会的。

合作，是一个组合最要紧的事情，也是我们日常生活、工作、学习中顶要紧的事情。合作之下，相互帮助，学习优点、包容缺点，携手之下，力量迸发，而这力量就像那首激情昂扬《团结就是力量》所唱的："这力量是铁，这力量是钢，比铁还硬，比钢还强。"

正所谓，"小合作达小成就，中合作达中成就，大合作达大成就。"我希望，你总能找到那个能与你一起达到一加一大于二的效果的人。

第十一章 《军中绿花》火遍军营校园

为士兵们首创《军营民谣》

说起《军营民谣》，也许有人不知道，但是提起《军中绿花》这首歌，您也许听过吧。如果你经历过大学的新生军训，《军中绿花》可是必唱歌曲哦。这首歌，也是我首创的《军营民谣》中最火的一首。

因为我家三兄弟中两个兄长都是军人，我家曾是光荣军属，所以自己一直想为当兵的写歌。但是经过了解，发现当时的军旅歌曲其实只有两种：一种是队列歌曲，行进节奏强劲，比如《我是一个兵》《打靶归来》等斗志昂扬的进行曲，只适合集体一起唱。第二种是军队题材的艺术歌曲，比如《在那桃花盛开的地方》《再见吧妈妈》等，这些歌虽然适合个人唱，但想要唱好这些歌，没有阎维文、李双江那样的好嗓子，一般的战士根本唱不了。而且，这些歌的内容不是战斗主题，就是主旋律。

当兵的都是 18、19、20 岁的年轻小伙子，参军之前都听过流行歌曲。入伍后，反映部队生活的通俗歌曲，除了 80 年代初苏小明的一首《军港之夜》之外，廖廖无几。军队题材的流行歌曲，几乎是一个空白。

就让我来填补这个音乐空缺吧。我想创作一批好听易学、反映战士真情实感的歌，一定会受战士们欢迎。就像校园民谣那样，结构短小，朗朗上口，音域不宽，易学易唱。做到基本上会说话，就可以唱。而且，民谣的内容基本都是反映普通人的喜怒哀乐，比较接地气，贴近普通大众的感情。

我想，为当兵的推出的民谣歌曲，就叫军营民谣吧。

确定了方向后，我开始思考怎么来创作？由谁来创作和演唱？

正巧这时呢，收到了一封退伍兵曾德洪的来信。他信中说，自己原来是福州高炮部队的士兵，爱好音乐，复员后考上了江西教育学院。他是遂川县人，老家就在井冈山脚下，因为从小听着我的《井冈山下种南瓜》，又知道杨钰莹、陈思思都是我一手打造成名的，想拜我为师。信里附带了几首他写的歌，大多都是千篇一律的爱情流行曲，还有几首是描写部队生活的歌，像《新兵想家》《我的老班长》，虽然还不太成熟，但与我想要作的军营民谣很接近。

不久之后，我去南昌筹备周亮的新专辑，顺便去了江西教育学院。那是周日，好不容易找到小曾的宿舍，结果他不在。我只好留下一个字条："我是吴颂今，你的来信收到了，请你有空儿的时候来象山宾馆找我聊一聊。"

第二天，小曾冒着倾盆大雨来宾馆找我，还背着一把吉他。我跟他聊了他的歌，对他说："我觉得你挺有才华，但是建议爱情歌曲就别写了，这个领域已经有太多竞争者，你很难超得过别人。我倒是建议你，集中精力，多写些部队题材的通俗歌曲。这是一个新的领域，没啥竞争者，而且你也熟悉部队的生活，更容易代入感情。"

小曾听完我的建议，又弹着吉他唱了几首歌给我听。我发现，他嗓子普通，也没有多少声乐基础，音准、节奏都有问题。最严重的是他的普通话发音极端不准，带着浓重的遂川地方口音。而且他不识谱，给我的谱子上有很多错误，他想表达的内容跟他写出来的歌曲有很大的误差。但我觉得一个业余初学者，能够写成这样也很不简单，仍旧鼓励了他一番。

之后，小曾给我寄歌的热情更高涨。他不断地写，不断地寄。寄过来的歌我觉得不好，就帮他修改，有空儿的时候就直接在电话里指点他。

我很喜欢这个朴实勤奋的小伙子，从他身上看到自己年轻时的影子，想多帮帮他。我拜托他们学院的音乐老师王大昌教他乐理、识谱，又找了江西人民广播电台我熟悉的一位李姓女主播给他上台词正音课，纠正他的普通话。

快到暑假时，他又来信，说特别急切地想跟我学习，暑假想来广州，帮我打打杂儿做点儿事。我也同意了，让他过来工作室，边学习边工作。

这期间，我将自己想推出军营民谣的选题，上报给了编辑部领导，提出想开创一个针对部队战士的流行歌曲新品类，并保证一定有市场。领导听完我的想法后，首先肯定了选题的市场前景，然后指出小曾的歌曲稿件还是毛坯，需要大刀阔斧地润色修改，并且说小曾唱功太差，尤其是普通话不过关，需要物色专业的歌手来演唱。

小曾提议找蔡国庆，人又帅唱得又好，又有知名度。但我觉得蔡国庆虽然是总政文工团的部队演员，但是气质完全是偶像派歌手，缺少军人的阳刚气。再者，他名气太大，观众心目中的形象已经都定型了。而我设定的军营民谣是个全新的音乐品种，找新人歌手演唱会更好，就像我之前推出的《笑话连篇》，新人新题材，观众识别度也就更高。

至于歌曲的修改完善，毕竟小曾不是专业音乐工作者，能力有限。经过与他商议之后，他同意委托我来帮他修改这些歌的词曲，我们签了修改协议。我从他的习作中挑了10首，花了一周时间，一首一首地帮他修改润色，把记谱中的错误疏漏一一帮他规范。

歌曲问题算是解决了，接下来就差歌手了。我定了个挑选标准：不找专业歌手来扮演战士，军营民谣的演唱者必须是真正来自连队的战士，歌可以唱得差一点儿，但一定要有军人气质，部队情结。而且，我想成立一个三人组合，让音乐表演形式更丰富。

于是，我开始全国撒网，逢人就打听，范围之广不亚于现在的"海选"。后来北京军区战友歌舞团的团长王晓岭，推荐了团里的歌唱演员牟青，气质阳刚，声音也不错，符合我设想的人选标准，于是牟青第一个就定下来了。

在广州，找遍了各个部队，都没有找到特别理想的。后来在武警业余演出队发现了黄志坚，他原来是广州边防文工团的一个演员，出身军人家庭，算是从小在当兵的环境里长大的，而且他的唱功和形象都不错。于是，第二个我定下了他。

已经有了两人，但我觉得组合最好是三个人。最后我想就冒个险，让小曾参加进来。虽然他唱歌不及格，但是他对部队的感情深，他的形象也比较质朴，刚好与另外两个人形成对比。牟青就是军队里面硬汉的形象，我给他取名老兵。黄志坚比较机灵活络，定位为见过世面的城市兵。憨厚的小曾就定位为农村兵的代言人。如此,"军营三人组"成立,三个人三种个性,正好涵盖了军营中大多数士兵的类型——老兵、农村兵、城市兵。如此,每个歌迷都能找到"自己人",听他们的歌曲自然容易引起共鸣。

10月份,我把他们三个人召集到广州,开始录音、包装。在分配作品的时候,考虑到老兵的演唱功力最强,安排他唱的也是豪迈大气、有相当演唱难度的歌,比如《当过兵的战友干一杯》《枪林弹雨》。小曾的嗓音接近原生态,安排他唱了一些比较单纯、乡土气的歌,如《回家探亲》《军中绿花》。分给黄志坚的歌比较活泼,如《驻地姑娘》《给我写封信》等跟女孩子有关的歌。

在形象包装上,他们三个人完全不化妆,以素颜示人。穿的衣服是部队的迷彩服,跟真正的战士身上穿的一模一样。拍照片时直接把他们拉到广州军区的营房里,在一个警卫连的宿舍里实景拍摄。

为了保证能够准确体现军营题材的严肃性、真实性,我专门聘请了广州军区南海潮音像出版社的社长担任军事顾问。他是军队出版社的领导,演员的造型、歌词的内容,甚至是动作形态等,都由他来把关,力求每一个细节都做到真实准确。

专辑完成后,我便给全国的广播电台寄样带。不到半个月,各地主持人纷纷给我们打电话，都说这些歌播出后太受欢迎了，尤其是在驻军多的边疆地区，反响更热烈，比如新疆、内蒙古、广西、西藏等地，听众来信特别多。

有一段时间，公司收发室每天都要收到一麻袋的听众来信，写信者中不仅有现役和退伍军人，更有学生、教师、军人家属、打工仔，甚至劳教人员。信中表达了他们对《军营民谣》的喜爱与赞赏之情。求购录音带、曲谱，要求转录伴奏带的也比比皆是。

战士们从心底里喜欢我推出的这些与众不同的兵歌，他们都是主动买来磁带听。每到新兵参军季和老兵退伍时节，更是成了《军营民谣》的畅销季。战士们都要买一套，带回家乡作为他们参军几年的纪念品，退伍的音乐珍藏。

唱片封面也在不断地加印，销量噌噌噌地往上涨。《军营民谣》创造了唱片业的销售奇迹，正版卖出了上百万盒，当兵的几乎是人手一套。

不久之后，盗版也接着来了，且种类非常多，我们在市场上查到的100种都不止。音像行业就是这样，只要有一个节目好卖，盗版就蜂拥而上。盗版固然可恶，但是从另外一个角度，也反映了社会对《军营民谣》的肯定和欢迎。

1995 年年底，我开始带着他们到全国各地的部队去慰问演出。每次演完，激动的士兵们把他们三个人抬起来往空中扔，完全把他们当作自己人。

在我的评判标准里，一首歌曲是否好，一定要看普通老百姓是否喜欢。而一首歌能被普通老百姓所喜欢，那一定是歌曲表达的情感能够引起他们的共鸣。能让普通人产生共鸣的情感，往往不是宏大震撼的，而是平淡甚至是细微的。人们能被雄赳赳的雷霆气势所震奋，但能让人动情流泪的，一定是战友们的兄弟情谊，一定是老母亲的真情呼唤。这也是我在创作时所追求的，一定要传达普通人的真情实感。

一如现在年轻人常说的："真诚是永远的'必杀技'。"

曾有人指责我"捞过界"

《军营民谣》是中国第一组表现军旅生活、充满士兵情思的通俗歌曲。它既不同于传统的军营队列歌曲，也不同于部队歌唱家演唱的抒情艺术歌曲，以易学易唱的民谣体、朴实如话的歌词，唱出了普通士兵的心声。问世后打动了千千万万当过兵的战友，不到一年时光，就在军营内外引起了强烈反响。

《军营民谣》的演唱者都是真正来自军营的士兵歌手，他们的歌声是战士纯真情感的流露。这些歌以平实、贴近生活的姿态，传遍了军营内外。其中《我的老班长》《军中绿花》等代表作，在不少战士中几乎人人会唱，成了连队集会时的热门齐唱歌曲。

《军营民谣》里的歌不仅纷纷登上了全国各大电台的流行歌曲排行榜，在央视主办的军旅歌曲音乐电视大赛中，也频频获奖。中央人民广播电台1996年度"全国听众喜爱的歌手评选"中，"军营三人组"荣获了最佳组合金奖。

《军营民谣》在军营内外的持续火爆,成了"现象级"的存在,引人瞩目,也引发了音乐界等同行们的质疑。

有次我去北京,碰到一位熟悉的部队作曲家,他开玩笑说:"颂今啊!你是不是捞过界了吧?"话里话外,似乎是指责我一个地方老百姓音乐编辑,不应该涉足军旅音乐领地吧。

还有人说我是"音乐商人"。对我最大的质疑,就是我从未当过兵,怎么会如此热衷于军营通俗歌曲?"吴颂今你的军营情结从何而来?"

他们不知道,我心中一直有很重的"军营情结"。首先是因为我的两位哥哥是军人,我从小在"光荣军属"的牌匾下长大。6岁时,我跟着母亲去部队看望当兵的哥哥,第一次跨进军营,看到坦克车,看到整齐的营房,内心充满着欣喜和骄傲。

我的音乐启蒙,得益于一位名叫杨化章的解放军叔叔。他常常带我出去听音乐会、看戏,放我进省政府礼堂看文工团排歌舞节目,在我童年的心里埋下了音乐的种子。

我成长在江西革命老区,在解放军的诞生地英雄城南昌读中学。我的音乐创作从起步就与"人民军队""井冈山""八一起义"等军事题材结下了不解之缘。

我的成名作《井冈山下种南瓜》，内容就是颂扬红军光荣传统。

我谱写的队列歌曲《打靶归来喜洋洋》荣获《解放军歌曲》优秀作品奖，并被总政选为全军推荐歌曲。武警文工团成立那年，我被特邀参加该团创作组，写出了十余首歌颂武警战士的新歌，在武警总部举办的庆功大会上受到好评。

历年来，军事题材的作品在我的音乐创作中，一直占有可观的比例与显著的地位。

制作《军营民谣》的那些日子里，选歌、编歌、写歌、录歌、深入生活、收集素材，总是同军营歌手、部队官兵泡在一起。整天想的是兵，说的是兵，写的也是兵，我感觉自己也似乎变成了军中一员。

在最艰难的日子里，支撑我的除了职业操守，最重要的就是心中的"军营情结"了。

无数战士歌迷热情的来信，更使我看到了自己劳动的价值，让我欲罢不能。正是"军营情结"支撑着我克服一路艰辛，才走了下来。

总政宣传部有本杂志《军营文化天地》，有感于《军营民谣》现象，组织召开了一个专题座谈会，邀请了阎肃、王晓岭、屈塬等一大批军旅词曲创作名家，以及部队著名歌唱演员出席，整整开了两天。会上讨论非常热烈，支持和反对两种观点不相上下。杂志社站在客观的立场，把整个讨论会的情况综述和主要发言内容，刊登在当期杂志上，破天荒地占了10个版面。虽然最终没有给出一个明确的结论，但是此一举措说明了军队思想文化界对《军营民谣》的重视。

一直到2006年的一天，央视七频道的解放军电视艺术中心给我打来电话，邀请我赴京参加"军营民谣20年回顾"活动。突如其来的好消息让我又惊又喜。

我按时赶到北京，与老兵、小曾、黄志坚、秦天、高歌、杨柳一众歌手久别重逢。在某高炮部队的操场上，《军营民谣》20年回顾大型演唱会火爆上演，我坐在观众席前排，与现场两千多名战士重温了那些令我刻骨铭心的老歌。

当高歌边唱着歌边走下舞台，径直朝我走来，同我握手的那一刻，我心中汹涌澎湃，热泪夺眶而出。20年前打造《军营民谣》的那些日日夜夜，所有的酸甜苦辣一起涌上心头。

几天之后，央视军事频道一首歌未删，完完整整播出了这台演唱会。当年八一建军节前一天，《解放军报》刊登了对我推出《军营民谣》的采访报道，文章标题是《音乐拥军模范——吴颂今》。

后来听央视导演告诉我，总政正在推广《战斗精神歌曲》系列专辑。在调查了解部队歌咏活动的实际情况之后，鉴于《军营民谣》歌曲在部队的热度，领导指示说："军营民谣是战斗精神歌曲很好的补充。"也许正因为上级对军营民谣的肯定，央视才策划举办了这次的军营民谣20年回顾活动。

军营民谣被质疑了10年，我委屈过、担心过，但从没放弃过。我一直在持续推出军营民谣新歌新节目，先后出版了十多张唱片专辑，两本歌曲集图书，一百多首歌。

换个角度，人生中所经历的彷徨、挫折、苦闷、压抑等等这些情绪，都可以成为成长的催化剂。当我们正视这些情绪，抱着学习、接纳的态度面对这些情绪，这些催化剂也将成为坚守本心的最强支撑。

危难中"陆海空"火线出征

《军营民谣》第一辑打了个大胜仗,"军营三人组"受到众多追捧时,我们也收到了许多战友们来信,纷纷问道:"军营三人组中有老兵、农村兵、城市兵,为啥没有海军和空军呢?"

听众来信给我出了个绝妙的点子,把"军营三人组"扩大为涵盖陆海空三军的组合,不是可以扩大军营民谣的声势吗?

现有的三人都是陆军,那就"海选"找海军与空军吧。很快,在广州的一次流行歌唱比赛中,我发现了海军广州基地军乐团的高歌,长相英俊,很有明星相,而且还能创作,歌唱能力也是上乘。中国唱片总公司的李总又推荐了北京空军部队战士演出队的秦春海,也是一位富有才华的创作型歌手,加入"陆海空三人组"后,我给他改名秦天。

秦天和高歌来了之后,也参与了《军营民谣》第二辑的录制,"军营三人组"对此非常有意见。他们认为,"江山"是他们打下来的,现在火了,这两人凭什么来分一杯羹?就像老兵欺负新兵一样,他们三人总是排挤后来的两人。

有一次,我派他们五个人去广西电视台参加晚会,演唱《军营民谣》第二辑里的《当兵的哥们》。这首歌原本是五人合唱的,但是临演出前,"三人组"不准秦天和高歌上台。

两个新兵在南宁给我打电话,"吴老师,咋办呢?他们仨不让我俩上台。"

我当时又生气又无语,但离得这么远,也只能安抚他俩:"第二辑还没有发行,你们的歌也还没推出嘛,要不就先让一让?不要跟他们计较了。"本来我觉得都是一个集体的,应该老带新嘛,怎么也没想到会这样。可是更糟心的事,还在后面。

公司要跟他们续约,三人要求待遇翻一倍。因为不切合实际,公司暂时没有答应。

当时《军营民谣》的第二辑已经录制好了,订货会即将在从化温泉召开。出发前一天,他们三人称自己会按时过去,我便带领陈思思、周亮和其他歌手提前去了从化。

那一次颂今音乐推出了五个新节目，除了《军营民谣》第二辑，还有陈思思、周亮、朱含芳及杨洋、金彪的新专辑。介绍到哪一个专辑，演唱歌手就要登台亮相。

谁知订货会已经开始了，这三位还迟迟没到。轮到我要上台介绍节目了，给他们打电话，居然都关机了。我心里又气又急，介绍到到《军营民谣》第二辑的时候，因为不见他们三人踪影，只好播放歌曲录音，效果自然是大打折扣。

最后当我介绍陈思思的新专辑时，她漂漂亮亮登台，唱起了主打歌《风调雨顺》。听着思思优美动人的歌声，看着思思大气得体的台风，心里暗自赞叹，太出色了！一颗明星闪亮在我眼前，即将冉冉升起。悲喜交加之际，突然鼻子一酸，眼泪奔涌而出。一方面，"军营三人组"让我备受打击；另一方面，陈思思又让我倍感惊喜。带这帮弟子的酸甜苦辣一起涌上心头，我哭得不能自已，泪流满面。

因为自己就坐在舞台前方一侧的讲台边，台下的人都惊愕地望着我，不知道我为何如此失态？可我实在止不住哗哗流淌的泪水。

订货会结束后我赶回公司，三人组依然没有踪影，在收发室却发现一封他们留给我的信。内容写的就是要跟公司掰了，而且公司今后不准使用他们的肖像和新录制的歌曲。

我直接蒙了。订货会刚刚开完，《军营民谣》第二集的订货数都出来了，接着就该向全国各地发货了。这可如何是好？原来录好的新专辑不能出了吗？

面对着马上就要大批量加工生产、下个月就该向全国经销商发货的情势，我甚至连生气的工夫都没有。已经录制完成的《军营民谣》第二集等于报废了！只有马上找新歌手重新录音制作一条路。

但临时突击找人可不好办，既闹心又要保密，不敢声张出去。如果让媒体知道了，《军营民谣》出了成员纠纷的负面新闻，那就糟了！

既然"军营三人组"不干了，那就干脆重组一个"陆海空三人组"吧。好在海军和空军都有了，就差一个陆军。我突然灵机一动，何不选一名女兵来代表陆军呢，这样不是更有新意吗？

为了不惊动媒体记者，我只能在广州悄悄找人。还好，战士歌舞团的作曲家杜鸣给我推荐了一位长沙陆军某部的女话务员，名叫杨柳。见面一看，她模样俊俏，一笑两个酒窝儿，而且能歌善舞，非常理想。她当时留着一头飘飘的长发，我跟她说，"如果愿意参加的话，就得剪成短发，才像个女兵的样子。你考虑一下，明天给我一个答复吧。"

第二天,杨柳来了,一看她的头发,剪得比有的男孩子还短,更显英姿飒爽。

如此,"陆海空三人组"顺利组队成立了。之前没有女兵的歌,根据杨柳的声线与特点,我和秦天、高歌突击创作了好几首适合她的新歌。原来第二辑军营三人组演唱的歌曲,全部换成他俩重新录唱。半个多月,就把新的《军营民谣》第二辑录制完成了,唱片如期上市。只是把宣传口径调整为,"老兵退伍,新兵入伍",意即原来的"军营三人组"退伍了,新入伍的是"陆海空三人组"。算是对公众有了一个合理的交代。

发货之后还是有一点儿担心,虽然盒带名称还是叫《军营民谣》第二辑,但是封面图片、演唱者跟订货会上展示的节目完全不同。所幸货发出去一个多月,既没人质疑,也没有退货,市场反响也很好。听众永远爱追新,从歌迷到市场都接受了"陆海空三人组"的首张专辑。

也有个别敏感的记者发现这里面有问题,来找我们打探,但是我们统一口径,"军营三人组"的负面事件一点儿都没透露。因为我觉得,一旦此事曝光,不仅他们三人脸上不好看,也是给《军营民谣》抹黑。我们好不容易打造了一个这么正面的音乐品牌,不能因为这件事而沾上污点。

那三个人以为，他们走了我这边就要歇菜了，《军营民谣》就要垮台了。没想到我在半个月之内，就迅速新组了"陆海空三人组"，而且又是风生水起。

但他们仨就没有这么幸运了。后来才得知，他们仨是被一家公司挖走了。那家公司的老总看他们很火，以为是"摇钱树"，承诺给每人100万酬劳，重金挖墙脚。但此人只懂得生意经，却完全不懂音乐，更不懂唱片制作。

被社会捶打了半年后，小曾回来找我。我也原谅了他，1997年给他出了一张独唱专辑，也给他提高了待遇。对外的新闻稿，则写的是"小曾回归《军营民谣》"。

到了1998年，策划《军营民谣》第六辑的时候，老兵和黄志坚也归队回来了，我也接纳了他俩。加上"陆海空三人组""女兵三人组"，这张新专辑取名《军营民谣大会师》，名副其实。

有人问我，为什么如此轻易就原谅"军营三人组"他们仨，而且还继续跟他们合作呢？因为我的目标很明确，就是为了打造《军营民谣》品牌，让它不断成长壮大。当年我不揭露他们，是不想因他们的行为毁了《军营民谣》；如今接纳他们，是因为他们仨作为《军营民谣》元老的资格还在。他们的回归，可以为《军营民谣》

的继续发展增添力量。

我希望《军营民谣》能囊括所有爱军营、爱军歌的歌手大军。所以,之后还推出了红五星演唱组、唱将三人组、2018演唱组、好战友演唱组、新世纪演唱组、军嫂组合、雷锋兄弟组合等十几张唱片专辑。《军营民谣》就像我的孩子一样,一路走来太不容易,从各种质疑中慢慢成长为了一个响当当的品牌。在中国歌坛,尤其是军旅歌坛,都是独树一帜的。

我是一个勇于反思的人。他们离队之后,我也反思过自己,以前过多地把精力放在对歌手的艺术培养方面,忽略了思想品德方面的要求。以为来自军队大熔炉的人,是不会变质的。没有想到,在流行歌坛这个名利场的熏染下,在不怀好意者的挑唆下,在金钱、名利的诱惑下,个别歌手还是难免误入歧途。

对于一度离队的三位歌手,我确实有些忽略他们之前的感受。当时若能够及时跟他们沟通,也许他们就不会走。我一直是就事论事,工作上的摩擦,并无私人恩怨。所以,他们知道自己做得不对,愿意回来,大门还是给他们敞开着,同时,我也适当地给他们提高了待遇。

都说背叛是最伤人的,如何应对背叛呢?也许我的经历能给你一些启发：

首先，要警惕陷入漫长的情绪内耗中。不要沉溺于对方为何会这样，而是要自我反省，积极思考，接下来自己应该怎样做。

然后，把关注点放在自己身上，活得纯粹一些。当自我足够强大，你会发现，因别人的背叛而自责而痛苦，纯粹是庸人自扰。

下部

退休不告退

第十二章 退休不告退

不告退创作——新歌频出

现在经常看到有年轻人在网上说，想"退休"，想过上"躺平"的生活。每每看到这些话，我都觉得，也就是年轻，才可以肆无忌惮地任性吐槽，若真是到了退休的时候，也许就不会这么洒脱随意了。

我正式办理退休手续是在60岁那年。其实在1999年，因为企业不景气，就已经离岗"退养"了。严格来说，我在55岁的时候，单位就不再给我分配工作了。但我并没有因为不用再上班而窃喜，反而有一种"盛年不重来，岁月催人老"的惆怅。

不过，这种愁绪只是一晃而过，因为在我的人生观念里，只要大脑还在转，笔便不会停。虽然人退休了，但"颂今音乐工作室"仍在继续运转。不过，退休之后可以随心所欲了。退休前，每制作一个节目都要考虑能为公司创造多少经济效益；退休后，没了业绩指标，不用绩效考核，我可以任性地想做什么就做什么。一切随我心，一切从我意。

而且，我的名字叫"颂今"，对我来说，以音乐歌颂当今时代的节拍永不会停。我们这一代人，是同新中国一起成长起来的，见证了祖国历经的艰难与发展。对时代的重要节点、家国的重要事件，我都有强烈的参与感。所以，不管年纪几何，不管在职与否，我都想用音乐去发挥自己的力量。

2003年，"非典"疫情暴发。我看到很多一线医护人员为了抗击疫情不能回家，写了一首《不是我不想握着你的手》；感动于他们救死扶伤无畏风险的精神，创作了一首《金子般的心》。我希望悠扬的旋律、温柔的歌声能带来力量，抚慰大家紧张疲惫的心灵。我坚信，音乐有着神奇的力量，它能带来希望，能疗愈心伤。

2008年汶川地震中，有一个男孩儿被埋在废墟中，靠着听手机里的歌曲，熬了整整77个小时，终于等到了救援。这个新闻让我揪心、感动、震撼，我当即停下手头的其他事情，将灾区孩子的心声写成了一首歌《我知道你一定会来》；将对救灾一线官兵的敬仰写进了《军旗下的好儿郎》；将灾区人民的期盼写进了《人间有情》、《祈福平安》里……短短半个多月，写出了15首赈灾歌曲。

在没有任何资金支持的情况下，我邀请北京、广州、江西的歌手们公益演唱，自费编录了《祈福平安——颂今爱心公益歌曲专辑》，由红星电子音像出版社出版，把5000张唱片送往灾区。没想到，这张唱片后来获得国家新闻出版总署颁发的"年度优秀音像制品特别大奖"。

都说"人类的悲欢并不相通",但音乐很多时候更容易让人共情。悲伤时,我们从中获得抚慰;兴奋时,又能让我们更加激昂。我想,年轻的你肯定也在某一瞬间,因为一首歌而生出了力量,萌发了希望吧。这也是我年过花甲,仍然在创作音乐时激情满满的最大的动力。以歌传情,以曲慰心,我希望我的音乐能带来人心向上的积极力量。

2008年有悲痛也有振奋。那一年奥运会在北京开幕,奥组委向全球征集奥运歌曲,一时间几万首作品涌入了征歌办。如此盛事,我自是不想错过。但竞争如此激烈,我想另辟蹊径,把重点放在了奥运会志愿者歌曲上,创作了一首《奥运的微笑》,请陈思思演唱。这首歌投到北京奥组委后,很幸运地被选上了。

用现在年轻人的话来说,退休后的我开始"放飞自我",不看唱片销售前景,不看歌曲能挣多少钱,只看这件事是否有意义,是否是自己喜欢做的。退休前,我也创作过不少公益歌曲。退休后,我投入更多的精力到公益歌曲创作中,这些歌曲不仅没有稿酬,还要自己倒贴钱录制。

2007年春晚有一个诗朗诵节目,名字叫《心里话》,是北京的一家打工子弟学校的孩子表演的。"我们的校园很小,放不下一个鞍马;我们的教室很暗,灯光只有几瓦;我们的桌椅很旧,坐上去吱吱呀呀;但我们的作业工整,我们的成绩不差……"荧屏里,孩子们朗诵得声情并茂;荧屏外,我看得泪流满面。

我立马拿起纸笔将这首诗记了下来,当晚就谱上了曲子。第二天,我便坐上了火车到北京,找到了打工子弟学校。后来,我教会了那群孩子唱这首诗,并把他们带到了录音棚,将歌曲录制了下来。此后这首歌不仅成了这所学校高音喇叭必放的曲目,也在其他很多打工子弟学校播放传唱。

我一直认为,音乐不仅有"阳春白雪",更应该有"下里巴人"。所以,对普通老百姓的关注,一直是我创作的重要方向。从为陈思思写《情哥去南方》开始,我陆续谱写了《拼一场》等打工题材的励志歌曲,推出了《打工歌谣》系列唱片,希望用音乐为漂泊异乡努力拼搏的人们送去精神力量。

"随心所欲"后,我的内心收获了更多价值,创作题材也拓展到了更宽的领域。

1998年,我第一次去泰国旅游,打卡了曼谷和芭提雅,被当地优美的风光和热情的人们深深吸引,萌发了创作冲动。回国后,我去中国音乐研究所、东方歌舞团以及中国国际广播电台，收集泰国的民族音乐资料，将泰国民谣《相思河畔》曲调改编，填上新词，取名《泰国你好》。中国国际广播电台首播以后，听众反响很是热烈，还有泰国人给电台打来电话，又诧异又惊喜，"一个中国音乐家居然能创作出泰国风味十足的歌曲，太好了！"我备受鼓舞，决定创作更多泰国旅游歌曲。

为此，我又去了三四趟泰国采风，最终写出了12首泰国风情歌曲。这张没有经过市场调研的唱片，获得了极大的市场认可。泰国大使馆订了5000张唱片，分发给泰国接待中国游客的旅游大巴司机，在车上循回播放。泰国多家孔子学院的老师告诉我，这张专辑成为他们教泰国人学中文时最好的教辅。泰国电台反复播放，泰国中文电视台连续几年春晚选用。在曼谷的卡拉OK、卢披尼公园的广场舞，都能听到《泰国姑娘水晶晶》的歌声。我也因此与泰国结下友谊的缘分，多次应邀赴泰国国际合唱节担任评委。

我退休的时候，头发已快花白。有媒体打电话想采访我，见了面后，总是一脸惊讶："哎呀吴老师，电话里听您的声音，清亮有力，还以为您是一位年轻人呢！"

"人声不符"是很多人对我的第一印象，"精力不符"是第二印象。很多与我共事过的年轻人都感叹，我这个白发老人家是如何保持这么旺盛的精力的？

声音我不知道，我从小喜欢唱歌，但我也深知自己的嗓子平平无奇。旺盛的精力我倒可以解释，那就是，专注是最好的催化剂。当你专注地投入到一件事情中时，内在的压力、外在的阻力便会转化成精力，专注的程度越高，转换的效率也就越高。这个时候，年龄不再是约束条件，专心的投入就是一支强效的肾上腺素。

五十多年的音乐生涯中，连词带曲，外加器乐曲，我创作了五千首，业内称我"音乐老黄牛"。不少人认为，我该享受退休时光，好好歇一歇了。现在流行一个词叫"内卷"，有人说我就是太"内卷"了，应该"躺平"了。

我觉得，"内卷"和"躺平"都应该是人生的状态，而且这两种状态不是非此即彼，而是相互存在的。人不可能一直"躺平"，因为实现自我价值是人的本能需求；人也不可能一直"内卷"，因为承受压力总是有极限的。所以，最优方式是，精神上"躺平"，放弃内耗，关注内心的真正需求；然后，行动上"内卷"，努力自律，去完成你想要达到的。

年轻的朋友们，找到自己喜欢的事，用心去做，不用等退休，你就会迎来人生的美好时刻，也体会到另一个流行词——"松弛感"。

不告退育人——提携新人

《孟子·离娄上》有言："人之患，在好为人师。"意思是形容有些人自以为是，爱摆老资格教育别人，是个贬义词。我也"好为人师"，却是真正的字面意思——喜欢当老师。对我来说，人生有两件事，是不管年岁多大，我都热情不减的，一是创作新歌，谱写新曲；二是培育新手，提携新人。我深知，歌坛想继续发展，新鲜血液的输入是必不可少的，所以很多时候，育人给我带来的成就感更强。

之前，我的精力大多都放在包装歌手发行唱片上，虽然有很多年轻人想拜我为师，但我实在顾不过来。退休后，时间和精力都有。2001年开始，我开设了音乐培训班，培训两个方向：歌手和词曲作者。十天左右的集中培训，我亲自上课，课程内容体系也是我自己设定，包括作词作曲、视唱练耳、乐理基础、舞台实践、录音实践等方方面面的内容，可以说是，倾囊相授，毫无保留。为了增加实践性，我还请了成名歌手来现身说法，陈思思、周亮她们都来上过课。考虑到学生们来自全国各地，我总想能在最短时间里给予他们最多的知识,所以十天的课程安排得满满当当。

作为过来人,我也深知除了能力技巧,还需要展示的平台。所以针对每届学员中唱歌的佼佼者,我会给每人量身定做一首歌,给他们出版《歌坛新宠》合辑唱片;写词作曲好的,我会推荐发表,也会请歌手来演唱。我总是希望,能多帮这些年轻人一些,让他们的梦想之路能走得再顺畅一些。

而歌手培训班也帮助我实现了一个梦想——成立了中国第一个少儿流行歌唱组合。

这是我很早之前就萌发的念头。以前我策划儿童歌曲节目时就发现,孩子们听的流行歌曲基本都是成人题材。而且,我相信,将流行音乐加上少儿歌曲的话,孩子们肯定会喜欢。

我准备采用组合的形式来演绎,组合的名字也早早想好了,就叫"CHINA宝贝",亦可叫"中国宝贝"。可一直没有物色到合适的少年歌手,就在我一筹莫展之际,歌手培训班里的思嘉和子霆引起了我的注意。

思嘉来自江西南昌,一副当时颇为流行的"哈韩族"的打扮,同学们都称她"小酷妞"。子霆是来自香港的小帅哥,模样乖巧,香港不少娱乐传媒还称他为"少年陈晓东""熊猫版古巨基",但其实他性格跳脱淘气,是个"恶作剧大师"。

相同的爱好,将他们聚集到了我这里;而契合的形象和声音,让我将他们聚合成了"CHINA 宝贝"。我当时就在心里感叹,真是"众里寻他千百度,那人却在灯火阑珊处"。

"CHINA 宝贝"是在内地演唱少儿流行歌曲的第一个组合。在首张专辑中,除了我亲自创作歌曲,我还请了新锐的词曲作者参与进来,就是为了确保它能更加贴合当今孩子们的时尚偏好。

这张少儿流行歌碟共有 10 首歌曲,题材涉及亲子关系、学习压力、青春期成长等各方面题材,以半大孩子的视角看世界,用少男少女喜闻乐见的形式来表达,打破了只有成人流行音乐的局限。面世之后,一如我期待的那般深受孩子们的喜欢。

虽然开培训班收获巨大,但是连续上课比熬夜录唱片更累,我想不服老也不行。坚持办到第十届的时候,我实在是讲不动了。而且这种面对面的授课还是有局限,有很多人想学却来不了广州。于是,我将讲课内容录了音,加以修改补充,写成了一本教材《歌词写作十八讲》。书的名字简单直接,内容全是教人写歌词的干货,囊括了我毕生的创作心得。

这本书出版后没有辜负我的期待。很多读者来信说，这本书不仅教会了他创作，甚至改变了他的人生。我印象最深的是，我去"雷锋团"讲课的时候，团里想请我给他们写一首团歌。我跟团政委说，"我只给你们谱曲，歌词您自己写吧。"

团政委蒙了："吴老师，我不会写歌词啊！"

我把《歌词写作十八讲》拿给他，"没事，你看完就会写了。"

他将信将疑地拿着书走了。过了几天，他兴奋地找到我，"吴老师，您的书我看了，哎呀，我好像懂得一些门道了。"

我鼓励他："你就大胆写吧！"

又过了几天，他拿了一篇词稿给我，我一看，还挺好，像模像样的。我略作修改，帮他谱了曲，团歌就完成了。

他受到极大的鼓舞，跟我说："我把这本书给全团每个班发一本，让每个连每个排每个班都给自己写一首歌。士兵们周六日也没事干，不如让他们学学写歌词。"

我说："是的，我这本书就是零基础入门，不管你文化水平如何，只要识字，只要有人生感悟，都可以创作。"

后来这个团学习写歌词还真有成效,有不少战士都学会了写歌词,有些还发表了。这本书是 2012 年出版的,十多年来一版再版,连续加印了十几次,至今仍然非常畅销。

《歌词写作十八讲》被沈阳音乐学院选为教材,全国多所高校请我去开讲座,其中就有中国音乐学院。

当我登上中国音乐学院讲台时,不由得感慨万分,这里曾经是我青春年少时梦想的殿堂。我看着台下的学生,恍惚看到了自己坐在那里听马可老师讲课。

如今的中国音乐学院早已搬到新校区,所见皆物是人非,但不变的还有当年那个没能入学的少年,仍然坚持着自己的音乐梦想。套用现在年轻人的一句话,"历尽千帆,归来我仍是从前那个少年。"

所以,追梦路上遇到挫折不要气馁,不要放弃,也许没有走上既定的道路,但只要我们不忘初心,不懈努力,总会以另一种形式获得圆满。

除了开班授课,其他有需要自己发挥力量的事,我也从来是不遗余力。

2007年8月的一天，凌晨12点，家里响起来一阵急促的电话铃声。

"颂今啊，有件急事需要你帮忙啊！"电话接通，传来了江西卫视李台长急切的声音。

"什么事啊？"这个时间点打来，我也跟着有点儿紧张。

"我们台做了个新节目'中国红歌会'，全国海选已经结束了，马上要开始120强的淘汰赛。但是我们的导演团队都是年轻人，对红歌都不太了解，无法安排每场比赛的曲目。你是红歌专家，赶紧来帮帮我们啊！"

我顿时松了口气。我是从小听着红歌长大的，对红歌可谓是了然于胸，当即应下："没问题，我三天后到南昌。"

"哎呀不行啊，能明天到吗？入选歌手全部都到了，真的是火烧眉毛了，等你来救火啊！"李台长急迫地说。

说是明天，其实就是几个小时之后得到。时间太赶了，可想着这个节目对老家卫视来说是件大事，江西老表的忙无论如何要帮。

于是，天一亮我就去赶最早的航班。在飞机上，我思考了一路，决定将红歌定义为，"红色的歌"和"走红的歌"。红色的歌，代表革命歌曲；走红的歌，是指其中为老百姓喜闻乐见的歌曲。

这次节目共包含12场晋级赛，需要大量的歌，所以到了南昌后，我便到图书馆、旧书市场四处找歌，再深挖自己的记忆，终于凑出八百多首红歌。有些找不到曲谱的，我就自己把谱子记出来。

敲定了曲目，接下来就是辅导选手。入围的选手大部分是初次参赛，其中还包括许多业余歌手。为了在最短时间内帮助选手练好歌，我实行一对一辅导。根据每一位歌手的特点，先帮他们确定演唱风格定位，再挑选合适的歌曲。有些老歌找不到演唱示范录音，我就自己清唱，用手机录下来，让他们边听边学，力争让每一位选手都能呈现出最完美的状态。

在每场直播前连续三天的走台、彩排中，我场场不落地坐在阎肃等评委的座位上，以"替身"的身份给选手们做赛前辅导。很多选手的水平也随着一次次的赛前排练，目及所见地逐步提高，黄训国、泽仁曲措、白马人组合等歌手摘金夺银，脱颖而出。我也因此得了个"红歌教头"的名号。

比赛持续了快三个月，年轻编导们都常常吐槽工作强度太大，身体吃不消。他们不止一次地问我："吴老师，您这么大年纪不累吗？"

"累,但心里高兴啊!"

后来,我将这次节目涉及的曲目精编了600首,在上海教育出版社出版了一本大部头歌曲集《中国红歌汇》,沉甸甸的,一如我的收获一样。

除了传道授业,遇到有才华天分的年轻人,我都会不遗余力地帮助他们。2012年春节,我在北京参加一个演艺界的新春聚会时,一位朋友带过来一位女孩儿,跟我说道:"吴老师,她非常喜欢唱甜歌,想拜您为师,您看能不能带带她?"

恰好当时我为慈善组织"天使妈妈"创作了一首公益歌曲,正准备找歌手录音,于是我便让她过几天来录音棚试唱一下。结果她一开口,就让人惊艳不已,甜美的嗓音,丝毫不亚于当年的杨钰莹。

我当即决定收她为徒,助力她实现甜歌梦想,并取艺名为"任妙音"。我先是一点儿一点儿教她基础知识、演唱技巧,然后又为她度身定做了10首新歌,在录音棚精心调教,推出了甜歌专辑《妹妹比花俏》,作为杨钰莹的甜歌小师妹高调推出。

经过十年的努力,作为我的关门弟子,任妙音已经成为歌坛一颗闪亮的新星。

除了任妙音，还有打工歌手许家豪、雷锋兄弟组合、周小璇、赵雪、向桐卉等年轻歌手，我都是根据每个人的特点创作歌曲，帮他们录音出唱片，将他们推向歌坛舞台。对于我来说，栽培新人，是为了乐坛的传承，是我义不容辞的责任。

在扶植新人的过程中，我也领悟到，教育是相互的。我不仅是单方面把自己的专业技能传授给新生代们，也不仅仅是为他们的成长提供舞台和机会；另一方面，这些年轻人蓬勃的青春也在源源不断地滋养着我，与年轻人相处，他们的生命力、昂扬的激情，常常让我这个老人忘记了年龄。

这其实适用于我们人生的任何阶段、任何情景。不管是学习，还是生活，我们都要与那些充满着积极向上的能量的人在一起，这样，你也会活力满满。跟对的人，走对的路，未来才充满可期。

不告退时代——拥抱互联网

先说个关于我的小笑话。

有一天,我要外出,在手机上用"嘀嘀"叫了网约车。车到达之前,还和司机通了话,确认位置。

看着车到了,我手拉车门准备上车,却被司机连声制止。"别乱拉,别乱拉,这不是你叫的车。"司机说,"电话里是一个年轻人叫的,不是你。"

"就是我叫的。"我报出了手机号和目的地。司机只好让我上了车。他边启动,边回头问:"是你儿子帮你叫的吧?"
"不是,我自己叫的。"
司机说,"怎么可能?电话里是个年轻人啊!"

原来,因为我说话的声音显得特别年轻,司机误会了。我说,"你听我现在说话的声音,和电话是不是一样的?"

"是哦！就是你的声音。老人家厉害哦！"司机脸上换成了赞许。

我已经记不清，这是自己第几次遇到"拒载"了，我也能理解，毕竟在很多人的认知里，满头白发的大爷应该用的是字大声音大的老年机，但我是个紧跟潮流的大爷，中国最早的音乐网站就是我创办的，说起网络，我可比很多年轻人接触得早很多。

我第一次见到互联网，是在广州天河城顶楼的网吧里。

那是1997年，《江西之窗》网站的人找到我，说我虽人在广州，但江西老表们一直都很关注我，想在《江西之窗》里给我开一个"颂今音乐"的专栏。

那时候，电脑是个稀罕物，我也不知道网络为何物。为了让我更直观地理解，他们把我带到了广州的第一家网吧。在一台大头电脑上，他们上网给我展示了《江西之窗》。

我是一个好奇心很强的人，对一切新鲜事物都感兴趣。虽然当时还不太明白互联网是怎么回事，只是感觉很科技很新颖，就同意了他们的建议，提供了资料，供他们建了"颂今音乐"网站专栏。

当时中国还没有专门的音乐类网站，我这个算是头一份儿。很多纸媒以《颂今音乐工作室网上建新居——国内首家Internet专业音乐工作室闪亮登场》为题作了报道。

我第一次感受到互联网的强大，是2005年我与新浪网的合作。《娘，大哥他回来了》是当时网上论坛传得很火热的一首诗，诉说的是海峡两岸骨肉分离，渴盼两岸早日统一。这首诗也深深地打动了我，读到第一句时，我就泪目了。

"当你跨出机舱的那一刻，我就认出了你。"这与我的经历一模一样。当年姐姐第一次回大陆时，我在白云机场接她，虽然我一岁多时就与她分开，但因为相像的面孔，我在接机口一眼就认出了她。

我将这首诗做了精简改写，谱上了曲子，放在了新浪网上。没多久，新浪网便派人到工作室给我做采访。他们说不识谱，问我能不能唱一遍，他们想感受一下。我便轻声哼唱了一遍。

他们走后不到一个小时，就打来电话说："吴老师，访谈文章和歌已经在网上发布了，您看一下。"

"这么快？"我很是意外，以前报纸杂志的采访，最少都要好几天之后才能登出来，网络真是高效啊！

当时这首诗是个热点，他们又将访谈文章放在了网站首页推荐，把我哼唱的音频也放了上去。

然而没想到，我立马成了众矢之的，网友们纷纷说我唱得太差。虽然也有挺我的，赞扬我把诗谱成了歌曲，但更多人还是说听录音唱得不好听。

我心里着实委屈，我只是随口哼唱让记者们感受一下旋律，并不是正式录音啊，他们怎么能轻率就发布出来呢？

刚开始我还安慰自己，凡事总会有批评的声音。然而互联网的传播速度太惊人了，若按现在的情况来说就是，我很快就被骂上了热搜。

我给新浪网打电话，让他们把音频撤了。他们说，不能撤，现在这件事的话题度很高，有热度。你看，那时候还没有"流量"这一说，但"炒热度"是亘古不变的。但我坚信所有不是正向传播的东西，都不会长久。所以，这个热度，我宁可不要。

我跟网站说，"你们想要话题，可以发一个'征集令'，第一，让爱好唱歌的网友们自己唱；第二，让网友们推荐合适唱这首歌的歌手。"网站很认同我的提议，马上发布了"歌手征集令"。

我也请人为这首歌做了好几个版本的伴奏音乐，男声版、女声版、通俗版、美声版、民族版，适合各种唱法。

新浪网马上发布力推，在短短一个星期里，就收到了海内外几百歌演唱录音，除了素人网友外，还有于文华、刘克清等海内外知名歌手演唱录制了这首歌。

新浪网让我在其中选了30个效果较好的音频在网上公布，请全国网友投票评选，每种唱法都选出了一、二、三等奖。

后来，新浪网将这些获奖歌手请到北京，在他们的UC频道举办了中国第一台网络歌曲演唱会，通过互联网向全球现场直播。这应该算是网络直播的鼻祖了。

十多位歌手，用不同唱法演唱各符其实的"同一首歌"，这首歌也因此被誉为中国大陆第一首"真正意义上的网络歌曲"。

从这件事，我深刻体会到了网络的强大。之前，一首歌想一夜之间爆红全国，只有央视春晚唱响才有可能，可要想登上春晚何其之难。网络没有了时间和空间的限制，只以作品说话，不问"英雄"出处。我不禁感叹，网络新时代来临了。

对于新时代、新事物，我的态度是积极拥抱。我开始将自己过往的作品全部数字化，成立了数字音乐公司，很快建起了颂今原创歌曲网、儿童歌曲网、士兵音乐网、佛教歌曲网、中国企业歌曲网等五个网站。目前，我的音乐作品的音频、视频、曲谱均已上网，在全世界一百二十多个国家的网络或手机平台都可以听到我的歌。

我年纪大，好奇心也大，只要有新事物出现，我都会第一时间去尝试。比如新浪博客，还有新浪微博，2009年8月开始内测，我2010年4月就注册了账号，算的上是初始用户了。还有微信，我也是早鸟，2013年就注册了，身边有不少年轻朋友的微信还是我教他们注册的。近几年短视频开始火爆发展，快手、抖音、B站，我都注册了账号。还有喜马拉雅电台、今日头条等等，都是我自己亲自操作打理。

我一生爱买书爱看书，时至晚年，已积攒了几屋子的书，其中有些书刊、影音资料都成了孤本。我想，这些宝贝，我终究带不走。在我手上，只是件收藏品，可有可无。如果当废品处理了，就太可惜了。

于是，我在孔夫子旧书网开了家"颂今书屋"，在7788收藏网开了"中唱音像"店，将我手头这些宝贝都上架出售。不为赚钱，只为让它们去到需要者手中，重新发挥作用。

曾有人买了一本《琵琶曲集》，是六七十年代的孤本，寄快递的时候，我突然发现，收货人原来是一位特别著名的琵琶演奏家。能够物尽其用，心里很是开心。网络真好啊，能让人更容易找到自己想要的东西，好东西也更容易遇到需要它的人。

人到暮年是必然，但暮年不能暮气沉沉。我不怕老，年轻是财富，年老也是资本；我也不服老，皮肤可以松弛，精神不能懈怠；我更不会倚老卖老，拥抱新事物，不摆老资格。虽然岁月无情，但心葆年轻，便不惧老去。我常跟别人说，我已从"60后"走到了"70后"，即将成为"80后"，并力争实现"90后"，你看，年轻与否，其实在于你的自我定义。

网上常见这句话，"时代抛弃你的时候，连招呼都不打一声"。但我认为，时代每次来临的时候，是跺着脚，气势汹汹而来的，之所以被抛弃，都缘于我们自身对它的视而不见。若一个人始终保持开放，保持好奇，保持学习，他就一定能察觉时代的脚步，并从容地跟上。

所以啊，只要你自己不抛弃时代，时代就不会抛弃你。

不告退梦想——系列音乐会

2015年,一位发小儿问我,"明年你就70岁了,人生七十古来稀,应该好好庆祝一下吧?"

我说:"我想开一场我的作品音乐会。"2016年是我发表音乐处女作50周年,半个世纪以来,我创作了5000首作品,开一场音乐会,也算是对自己音乐人生的总结回顾吧。

一位金融界的朋友说,"开音乐会这个想法好啊,我们支持你。"
我说:"我是个完美主义者,要开就要开得上档次。资金上会有点儿困难。"

他问:"大概需要多少?"
我说:"最少也得100万吧。"
他爽快地说:"我帮你筹300万,你就放手去筹备吧。"

我非常开心:"那太好了,有您这笔钱,一定能办一场高大上的音乐会。"

第二年，我便着手开始筹办音乐会，请了导演过诸多高水准演唱会的杨洋、金彪来当导演。他们积极帮我做策划，编排节目。最后定在 2016 年 9 月 24 日的北京 21 世纪剧场盛大上演。

因为想着有 300 万资金的底气，所以一切都力求完美，邀请了很多著名歌唱演员，找了最好的伴舞团队、舞美灯光和摄像团队。剧场需要提前签合同付定金，有些重量级歌手的出场费需要一次性付清。前期就预付出去了一百多万，因为朋友承诺筹备的 300 万迟迟不见，都是我自己用积蓄垫付。

离演唱会开演还剩两个多月的时候，我发现赞助资金出现问题了。我询问那位朋友时，他开始是各种借口拖延，到后来直接联系不到人了。

7 月的北京，在烈日的炙烤下，一切都是滚烫滚烫的。可我的心里冰凉一片，寒意从心头开始肆意蔓延，手脚都要被冻住了。

继续筹办？可我没有钱了。

不办了？那已经花出去的一百多万就要打水漂儿了，更重要的是，当时已联系好了中国音乐家协会、中国流行音乐协会等五家国家级机构做主办单位，若中途说不办了，我没办法交代。

一筹莫展之际，有个媒体朋友出了个主意："吴老师，我给您写篇文章，把您的情况报道一下，号召社会各界人士发扬爱心支持老艺术家圆梦。"他说，这篇报道一定会引起轰动，肯定会招来一些赞助解决资金的问题。

我跟老伴儿商量了半天，还是觉得不行。我太清楚舆论的两面性了，有支持肯定有反对，有赞扬肯定也有谩骂，且舆论不可控，一旦发酵，谁也不知道之后的走向。

老伴儿说："这是你的梦想，我们不能留下遗憾。不就是钱嘛，干脆把北京的房子卖了吧，应该就够了。"

我的眼睛瞬间就湿润了。当年我想去上海读大学，老伴儿说："你只管去，家里有我。"后来我想离开南昌调广州，老伴儿说："去吧，我们陪你。"如今，仍是她坚定地站在我身后。这一生，得妻如此，何其有幸？

北京的房子是2002年买的，当时是准备将颂今音乐工作室迁到北京，结果2003年"非典"暴发，事情也就搁置了下来。说起来也算是幸运，房子顺利转手，卖了一个好价钱，当初没用着的房子解了我的燃眉之急。

音乐会顺利召开，演出轰动了音乐界，央视的《CCTV音乐厅》后来转播了音乐会的演出实况录像。但这些对我来说，都不是最重要的。更重要的是，通过这次音乐会，我见到了很多多年未见的我记挂的人和记挂我的人。

我的音乐会定位公益演出，门票只赠送不售卖，21世纪剧院只有1600个座位，想要票来看的就有三千多人。我的同行、老师、亲人、同学、朋友、邻居、粉丝，好多人都从全国各地专程来到北京，把我的演唱会变成了亲友团聚的大Party。

兰州的弟弟妹妹都是全家出动，上海音乐学院、南昌一中的老同学们、老伴儿的同事闺蜜们，还有我的许多热心粉丝，大家一起欢聚北京。我在江西铸锻厂时的好友许道金得知我开演唱会的消息，专程从上海赶到北京。有人看见，整场演唱会他一直都在座席上抹眼泪。

看到亲朋好友们不远千里来支持我，我萌生了去那些我曾经成长奋斗过的地方开演唱会的想法，我想将自己五十多年的音乐成果，在我人生主要节点的城市做个系列"汇报演出"。

老伴儿自然是百分百支持，卖房子的钱还有盈余，且已有了第一场的经验，再办也就轻车熟路了。于是在此后的 5 年里，我先后在现居地广州、母校上海、老家江西、承载童年的银川、兰州和成都分别举办了作品音乐会。

每到一个地方，我都将当年的老师、同学、朋友请到现场。银川、兰州和成都这三个童年待过的地方，已经几十年过去了，很多儿时的同学和朋友都很难找到。多亏了《成都商报》和《兰州晚报》，他们连续几天报道我的音乐会消息，发布"寻人启事"，终于帮我找到了十几位老同学。孩童时分别，白发时再见，有岁月变迁的无奈，也有梦回当年的圆满。

各地的这几场音乐会，不仅是我音乐作品的展示，更是我人生的一次回望。在回望中，我看到了不同时期的自己，幼年时、少年时、青年时、中年时，当年都经历了种种困难和波折，但是为了音乐梦想一直在努力。我想对当年的自己说："谢谢你当年的努力，让自己的一生了无遗憾。"

卖房子的钱支撑我开了 10 场音乐会，包括两场在国外——新加坡和日本东京，十全十美，堪称圆满。当然，每场音乐会并不是全都唱老歌，我会根据每场不同的主题创作新歌。比如兰州的音乐会，我写了《梦回兰州》《老爷爷找童年》等；成都的音乐会，我写了《成都成都》以及《胖娃儿胖嘟嘟》等川味儿歌。

对我来说,音乐是我毕生的梦想,生命不止,追求不止。音乐会也并未到此为止。疫情之后,我又尝试用不同的音乐艺术形式,包括最具群众性艺术性的合唱、年轻人喜爱的阿卡贝拉,以及民族管弦乐、时尚民乐、甚至大型交响乐等形式,在广州星海音乐厅、北京音乐厅等处举办了六场音乐会,创新演绎我的作品。

我想给人们的日常生活加点儿"音乐料"。在广州荔湾湖畔的泮塘五约古村,我创建了"颂今音乐空间",它的功能是共享空间,兼 Life house。市民可以来这里喝茶观展、听歌唱 K,周末还举办小型音乐会,完全开放给喜欢音乐的人。

我的"颂今音乐书房"位于珠江岸边的沙面岛,充满欧陆风情的网红打卡景点。陈列在里面的作品手稿、唱片磁带、音乐藏书,吸引了许多年轻朋友来访。

我是个闲不住的人,还有其他很多计划:编辑音乐作品集、撰写作曲教材、总结歌手包装、唱片编辑经验、辅导歌坛新人、到高校开讲座等等,人生行程排得满满的。

朋友问我:"怎么看你越忙越年轻了呢?"

我告诉他，真正能对抗岁月的，是不断追寻梦想的激情和毅力。

人生重要的不是你的年龄，而是你如何看待年龄。人的生命力，不是由皮囊决定，而是生发自我们的内心。想保持这种生命力，莫过于择一业、拼一生，其催生的能量，是生命最大的滋养。

我希望，你的生命也能成为你喜欢的模样。

人之所以为人，我们人类与动物的区别，就是有追求，有梦想。从小到大，玩具梦、芭蕾梦、作曲梦、大学梦、爱情梦、事业梦、成才梦……一个个梦想伴随着我，走过童年时光，走过青葱岁月，直到步入而立之年，不惑中年。如今，我已经七老八十了，心中依然有梦。

有梦的人生，是幸福的，是充实而快乐的。活一天，就要为追逐梦想而努力一天。愿读者从我的书中得到启示，这就是我的愿望，也是我写完这本书之后的梦想。

请大家一起来帮我圆梦吧！